Research in Pedagogy of Physical Education

体育科教育学研究
ハンドブック

日本体育科教育学会───編
Japan Society for The Pedagogy of Physical Education

大修館書店

はじめに（本書の刊行に際して）

　1995年4月に創設された日本体育科教育学会も，学会発足以降，早くも四半世紀が経過したことになる．その前史の1978年設置の日本体育学会・体育科教育学専門分科会から数えれば，我が国における体育科教育学研究も，人間でいえば壮年期に達したことになる．欧米のこの分野での研究が，既に1960年代に入って以降急速に行われるようになっていたから，我が国の本格的な研究のスタートは少し遅れたとはいえ，本学会はこれから充実期を迎え，いっそう社会的責任が増し，その役割は大きなものとなるだろう．

　本書は体育科教育学の国内外の研究動向を踏まえ，会員相互の研究を支援するとともに，本学会が蓄積してきた研究成果や研究方法に関する情報を広く社会に向けて発信することを目的に刊行された．本学会では既に『体育科教育学の現在』（創文企画，2011年）を出版しているが，同書は体育科教育をめぐる国内外の先端的な研究成果をもとに，主に研究者や大学院生（現職教員を含む），学部学生の論文執筆等に際して，有効な情報を提供できることを企図して刊行されたものであった．

　しかし，今回の出版では，特に体育科教育学の分野でこれから研究を深めようとする大学院生（現職教員を含む）や体育科教育学を学びたいと思っている学部学生，学校現場で体育授業に日々関わっておられる先生方に，体育科教育を考えるために必要となる基礎理論や研究方法の基礎・基本に関わる知識・情報，具体的な研究事例をわかりやすく解説することを目指して編まれたものである．本書を身近に置いていただき，日常的に活用いただきたいとの思いを込めて「ハンドブック」と名づけた．

　さて，体育科教育学は体育・スポーツ科学の中でも，ヤングサイエンスといわれるようにその歴史は浅い．しかし，だからこそ近年の国内外の研究の進展には著しいものがある．このような背景を踏まえて，本書の第1部では，体育科教育学の成り立ちから，何を研究の対象にするのか，また，どのような研究の領域があるのか等の「体育科教育学とは何か」をわかりやすく解説した．いわば，ここでは体育科教育学「論」が展開されている．

　続く第2部では，第1部を受けて，体育科教育学の研究すべき対象に，私たちがどのようにアプローチするのか，つまり研究の方法に焦点を当てて解説している．研究という営みは，どのようなものであっても，取り組むべき問題や課題を明確にさせた上で，信頼性を得た一定の方法を用いて行われるものである（対象と方法の明確化）．つまり，対象と方法が備わってこそ，はじめて研究や学問が成立するのである．

　そして，第3部では，第1部と第2部での学びの上に，応用問題として，体育科教育に生起する具体的な問題や課題に対して，それぞれどのように研究を行えばよいのかを，具体的で典型的な事例を示しながら，丁寧に解説することに努めた．

　もとより，いうまでもなく，わかりやすく解説するということは，決して本書に書かれた内容の質を落とすということを意味するものではない．体育科教育学を学ぼうとしている読者のみなさんに，楽しく学んでいただきたいとの願いを実現するために，質を一定に保ちながら，さまざまな工夫を重ねたということである．子どもたちや学習者にとって，楽しい体育授業を創造するために存在すべき体育科教育学こそ，何よりもまず，楽しんで学んでいただきたいというのが，執筆に際し

ての私たち執筆者共通の願いでもある.

　ところで, 本書の刊行はコロナ禍があったとはいえ, 種々の事情からおよそ1年遅れることとなった. この間, 出版をお待ちいただいた会員諸氏にはお詫び申し上げる. また, 執筆者各位には, 長くお待たせした上に, ハンドブック刊行委員会 (細越淳二, 日野克博, 友添秀則) からの編集上の難しい要望にも快く応じてくださった. ここに改めて感謝申し上げたい.

　会員諸氏には, 長らくお待たせすることになったが, 現在の体育科教育学研究の成果が俯瞰的にわかる充実した内容になったと思う. 大いに活用していただければ望外の喜びである.

　最後に, 本書の企画段階から刊行まで, 終始作業が遅れがちになる中, 一貫して励ましながら伴走くださった大修館書店編集部の阿部恭和氏に, この場をお借りしてお礼を申し上げたい.

　願わくは本書によって, 本学会と体育科教育学研究のいっそうの活性化が図られ, ひいては教育現場における体育授業の改善につながることを期待して.

2021年3月
日本体育科教育学会会長
友添秀則

| はじめに（本書の刊行に際して）………ⅲ

第1部　体育科教育学の構図

第1章　体育科教育学の歴史と成立 ｜友添秀則｜ ——————— 2
1．体育科教育学の成立をめぐって………2
2．体育科教育学の誕生前史──国立体育研究所の体育研究………3
3．体育科教育法から体育科教育学へ………4
4．体育科教育学の成立と日本体育科教育学会………5
5．おわりに………6

第2章　体育科教育学の目的と性格 ｜森 敏生｜ ——————— 7
1．はじめに………7
2．「体育実践の改善を目的とする」の再考………7
3．これからの体育実践と体育科教育学の目的………8
4．体育科教育学の特徴と性格………9

第3章　体育科教育学の研究領域 ｜岡出美則｜ ——————— 12
1．体育科教育学の歩み………12
2．カリキュラム論………13
3．教授・学習指導論………13
4．体育教師教育論………14
5．科学論，研究方法論………15
6．今後に期待される研究領域………15

第4章　体育科教育学と隣接諸科学 ｜菊 幸一｜ ——————— 17
1．体育科教育学の研究基盤………17
2．体育科（授業）とそれを支えるしくみ（構造）から見た隣接諸科学………19
3．隣接諸科学に対する考え方や向き合い方………21

第5章　体育科教育学の研究課題 │佐藤 豊│ ──────── 22

　　1．体育科教育学の研究領域………22
　　2．『体育科教育学研究』に見る研究課題の動向………23
　　3．2009〜2020年度の研究課題の傾向から見た課題………25
　　4．まとめ………27

第6章　体育科教育の研究対象 │今関豊一│ ──────── 28

　　1．研究対象をどのように捉えるか………28
　　2．体育の授業における研究対象とは………28
　　3．研究論文を書くために………32
　　4．体育科教育関連の原著論文の研究対象………32

第2部　体育科教育学の研究方法

第1章　理論研究とその方法 │石田智巳│ ──────── 34

　　1．作文，レポートと論文の違い………34
　　2．情報の収集………34
　　3．先行研究の整理や検討の方法………35
　　4．事例の検討………36
　　5．「厚い記述」を目指す………38

第2章　量的研究とその方法 │吉永武史│ ──────── 40

　　1．量的研究とは何か………40
　　2．量的研究の実際………41
　　3．量的研究を進める上での留意点………43
　　4．参考となる論文………44

第3章　質的研究とその方法 │荻原朋子│ ──────── 46

　　1．質的研究とは何か………46
　　2．質的研究の実際………47
　　3．質的研究を進める上での留意点………50
　　4．参考となる論文………51

第4章　複合的研究とその方法 |細越淳二| ———————— 53

　　　1．複合的方法を用いた研究とは何か………53
　　　2．複合的方法を用いた研究の実際………55
　　　3．複合的研究を進める上での留意点………58

第5章　学位論文の研究とその方法 |近藤智靖| ———————— 59

　　　1．学位論文とは………59
　　　2．学位論文の作成を通じて身につく力………59
　　　3．具体的な研究とその方法………60
　　　4．論文の構成とその留意点………62
　　　5．まとめに代えて………63

第6章　現職教員における研究とその方法 |内田雄三| ———— 65

　　　1．現職教員における研究とは………65
　　　2．現職教員による研究の実際………65
　　　3．学校現場での実践研究を進める上での留意点………68
　　　4．参考となる論文………70

第7章　研究としての質保証と配慮事項 |大友 智| ———————— 71

　　　1．研究の妥当性・信頼性の確保………71
　　　2．統計的な分析と結果の解釈………74
　　　3．研究方法の開発………75
　　　4．研究倫理への配慮………76

第3部　体育科教育学研究の典型事例

第1章　教育課程・カリキュラム研究 |丸山真司| ———————— 80

　　　1．体育における教育課程・カリキュラム研究の概観………80
　　　2．体育カリキュラム研究の典型事例………83
　　　3．研究課題………85

第2章　　　教材研究 ｜岩田 靖｜ ———————————— 87

　　　1．教材研究のこれまでを概観する………87
　　　2．教材研究の典型事例………89
　　　3．参考となる論文………92
　　　4．教材研究のこれからの研究課題………92

第3章　　　授業研究 ｜大後戸一樹｜ ———————————— 94

　　　1．授業研究のこれまでを概観する………94
　　　2．授業研究の典型事例………95
　　　3．参考となる論文………97
　　　4．授業研究のこれからの研究課題………98

第4章　　　教師行動研究 ｜深見英一郎｜ ———————————— 100

　　　1．教師行動研究のこれまでを概観する………100
　　　2．教師行動研究の典型事例………103
　　　3．今後の教師行動研究の研究課題………104

第5章　　　学習者行動研究 ｜鬼澤陽子｜ ———————————— 107

　　　1．学習者行動研究のこれまでを概観する………107
　　　2．学習者行動研究の典型事例………109
　　　3．参考となる論文………112
　　　4．学習者行動研究のこれからの研究課題………112

第6章　　　評価研究 ｜梅澤秋久｜ ———————————— 114

　　　1．体育科教育学における評価研究のこれまでを概観する………114
　　　2．体育科教育学における評価研究の典型事例………116
　　　3．体育科教育学における「評価」において参考となる研究………117
　　　4．体育科教育学における評価研究のこれから………118

第7章　　　歴史研究・実践史研究 ｜中瀬古哲｜ ———————————— 120

　　　1．先行研究の概要………120
　　　2．歴史研究・実践史研究の典型事例………121
　　　3．研究のための史資料について………123
　　　4．歴史研究・実践史研究のこれから………124

第8章　教師教育研究 | 岩田昌太郎 | ──────── 126

　　　1．今，なぜ教師教育を研究するのか………126
　　　2．教師教育研究の典型事例………127
　　　3．参考となる図書や論文………129
　　　4．教師教育研究のこれからの研究課題………129

第9章　ライフヒストリー研究 | 木原成一郎 | ──────── 133

　　　1．ライフヒストリー研究のこれまで………133
　　　2．ライフヒストリー研究の典型事例………135
　　　3．参考となる論文………137
　　　4．ライフヒストリー研究のこれからの研究課題………138

第10章　体育科教育と関連する領域の研究 | 神谷 拓 | ──────── 139

　　　1．教科外体育と課外体育の研究動向………139
　　　2．教科外体育研究と課題体育研究の典型事例………141
　　　3．参考となる論文………142
　　　4．これからの研究課題………143

　　　さくいん………146
　　　執筆者一覧

体育科教育学の構図

第1章　体育科教育学の歴史と成立……………………………………友添秀則
第2章　体育科教育学の目的と性格…………………………………… 森 敏生
第3章　体育科教育学の研究領域 ……………………………………岡出美則
第4章　体育科教育学と隣接諸科学…………………………………… 菊 幸一
第5章　体育科教育学の研究課題 …………………………………… 佐藤 豊
第6章　体育科教育の研究対象 …………………………………… 今関豊一

第1部のねらい

体育科教育学はいつ，どのように成立し，どういった特徴や目的を持つ学問なのだろうか．また，何を研究対象とし，どのような研究領域があるのだろうか．ここでは，「体育科教育学とは何か」について確認する．さらには，体育科教育学に隣接する諸科学との関係についても理解を深めることを通して，体育科教育学研究に取り組むための基礎的知識の習得を目指す．

第1章

体育科教育学の歴史と成立

1─体育科教育学の成立をめぐって

　我が国の体育科教育学はいつごろ誕生したのであろうか．そしてこの学問領域はどのように成立し，発展してきたのであろうか．残念ながら，我が国の体育科教育学の誕生をいつと見なすのか，またその発展の系譜はどのようなものであったのかについて，必ずしも一定の見解が存在するわけではない．

　一般に，ある学問領域が成立するためには，明確な学的対象と一定の科学的方法論が必要とされる．我が国では，これまで小・中・高等学校段階の学校における体育授業を対象とし，学的方法論を主に教育学に依拠してきた領域を体育科教育学と呼んできた．

　ところで，体育の先進諸国ではどうであろうか．我が国の体育科教育学に類似した学問分野にスポーツ教育学があるが，英語圏の 'sport pedagogy'，ドイツ語圏の 'Sportpädagogik' はともにスポーツ科学の1つの専門科学（subdiscipline）を構成し，研究対象は学校における体育の授業に限定されるものではない．それらは，広く学校外の青少年スポーツ活動も対象にしている．ドイツ語圏では既に1960年代にスポーツ教育学を冠した著作が刊行されるが，英語圏ではやや遅れて1970年代以降から盛んに研究が展開されるようになった．なお，ドイツ語圏では 'Sportpädagogik' の下位領域の 'Sportdidaktik'（スポーツ教授学）が，また，アメリカの 'pedagogy of physical education' が我が国の体育科教育学に近いといえよう．

　さて，我が国では，1982年に日本スポーツ教育学会が創設されるが，後述するように学校における体育授業を直接扱う体育科教育学に関する研究は，戦後日本体育学会の中で行われ，1978年からは同学会に体育科教育学専門分科会（専門分科会を現在は「専門領域」という）が設置されて以降は同分科会で行われるようになる．日本体育科教育学会の設立は，分科会設置からおよそ15年後の1995年であった．現在では，日本体育学会の体育科教育学専門領域会員も兼ねる日本体育科教育学会の会員数は約930名（2020年10月現在）を擁し，日本体育学会大会の発表演題数でも15ある専門領域の中で常に1，2を競うほど活況である．

　ここでは，体育科教育学の誕生前史として，1925年に東京に開設された国立体育研究所の研究動向を概観した上で，戦後の体育科教育学をめぐる議論を紹介しつつ，現在の体育科教育学の動向についても簡潔に述べながらここでのテーマに迫りたい．

2 — 体育科教育学の誕生前史 —— 国立体育研究所の体育研究

(1)国立体育研究所設置以前の状況

　研究が継続的に行われるには，多くの研究者によって問題意識が共有される必要がある．そのためには，研究者を束ねる一定の制度・組織（大学，研究所，研究会や学会等）が必要となる．

　我が国では，体育という教科は，1872年の学制公布後に「体術」という教科名称をとり始まった．しかし，翌年に「体操科」に改められて以降，身体に関わる教育を担う教科としてこの名称が1941（昭和16）年の国民学校令で「体錬科」と改められるまで続く．ちなみに，戦後の1947（昭和22）年に「体育科」となり，1949年から中・高等学校は「保健体育科」として現在に至っている．

　明治期も20年代前後になると体操伝習所の卒業生や東京高等師範学校（現在の筑波大学）並びに師範学校の教員らによる体操科の指導法に関する著書が多く出されるようになる．また，それ以降は体育の先進諸国への留学経験者や東京高等師範学校教員等によるドイツやスウェーデン，デンマーク等の外国体育の輸入や我が国への紹介の期間が続いた．具体的には，体育授業における隊列の組み方や行進の仕方，徒手体操の効果的な指導のあり方，各国の体操方式の解説等が主であった．そこでは，一定の方法論に立った体育授業の課題分析による提言等を含んだ体育授業の継続的・組織的研究という意味では，顕著なものが見られなかったといえる．

(2)国立体育研究所における体育研究[*1]

　我が国は1912年のオリンピック大会初参加を経て，翌年，フィリピン，中華民国の3か国で始まった極東選手権大会でアジアでの競技の覇権を競うようになる．このような中で，1925年に国立体育研究所（以下，研究所）が設立された．

　研究所設立の目的は概ね次の3つにまとめられる．第一に日清・日露戦争の勝利を受けて，我が国が世界列強に肩を並べたにもかかわらず，国民の体位は劣るので，日本の国情に応じた体育法を研究する必要に迫られたこと．第二に小学校や中等学校段階の体育授業の教授法が研究されずにきたので，これの研究を行う必要が生じたこと．第三に国民の保健政策上，運動や競技，武術は有効であるが，欧米に比べて国民の関心が低いので改善の必要が生じたことである．

　設立当初は小さな組織であったが，1939年には兼任者を含んで30人を超える職員が在籍している．研究所には内部組織として，解剖学，生理学，衛生学，生化学，心理学，教育学の各研究室が設けられ，教育学研究室では「体育ニ関スル教育学上ノ研究調査」が行われたという．また，研究調査の他に，体育授業や競技に関する指導教授，講演会や講習会の開催等が業務内容とされた．1925年の設立当初から1939年までの間に，実に456件の研究が発表されている．それらは前述の各研究室の親科学を用いながら行われるもので，現代風にいえば，スポーツ医学，スポーツ生化学，バイオメカニクス，スポーツ心理学，コーチング科学等に関する研究成果であった．

　表1は，研究所設立当初の学校体育に関連した研究を抜粋したものである．ここには運動学習や技能習得のメカニズム，スポーツの教育可能性，体力研究，評価論といった体育科教育学の萌芽的研究が見られる．

　1929年からは研究所主催で「体育研究会」が始まったが，そこではいっそう学校体育や体育授業に関連した研究が継続的に行われるようになった．例えば，いくつかの研究テーマをアトランダム

表1　「国立体育研究所」設立初期の学校体育関係研究の抜粋 （筆者作成．文献6)から抜粋)

研究題目	研究報告者	発表雑誌・発表機関等	発表年
運動ノ律動ニ関スル研究	松井三雄	学校衛生第6巻第3号	1926
日本児童ノ体力ニ就テ	吉田章信	日本連合衛生学会	1929
遊戯ト知能トノ関係	松井三雄	日本心理学会大会	1929
運動ノ学習ニ関スル実験	阿部芳甫	日本心理学大会	1929
体操学習ノ形式	酒井　将	体育研究会	1929
運動練習過程ニ就テノ一考察	山根　薫	体育研究会	1929
児童ノ疾走力ニ関スルー実験	小笠原道生ほか	体育研究会	1930
運動練習ニ就テ	山根　薫	体育研究会	1930
幼児ノ運動技能獲得ニ就テノ一実験	山根　薫	心理学論文集	1931
中学校生徒ノ体育調査（第二報)	永田　進	体育研究会	1931
一小学校ニオケル体操ノ評点ニ就テ	松井三雄ほか	体育研究会	1932
学校スポーツの教育性	加藤橘夫	体育と競技（連載)	1932

に挙げてみると次のようなものがある．「体操科教授ノ実際的研究 (1929年)」「人間教育ト遊戯指導(1930年)」「体操科教授要目中ノ行進遊戯ニ就テ (1929年)」「低学年体操科教材遊戯化ノ問題ト其ノ実際 (1931年)」「児童ノ身体的個性ト自覚ニ基ケル個別的体育指導ノ身体発達ニ及ボセル影響 (1934年)」．これらの他にも学校体育や体育授業に関連した研究は多く見られるが，研究所では，1938年に「学校体育研究調査会」を創設し，学校の体育授業の教材や教授法について調査研究を行うようになった．

　残念ながら，研究所は戦時体制に向かう中で1941年に廃止され，東京高等体育専門学校 (戦後,筑波大学の前身の東京教育大学に吸収) に引き継がれることになった．

　ここまで見てきたように，研究所で行われた学校体育や体育授業に関する諸研究やその成果の蓄積は我が国の体育科教育学研究の萌芽であり，体育科教育学の源流と見なすことができるであろう．

3──体育科教育法から体育科教育学へ

　戦後，1949年の教育職員免許法の公布以降，教員免許に関わる教職の必修科目として新しく「体育科教育法」や「教材研究」が位置づけられるようになった．新制大学の教員養成大学・学部では，戦前の師範学校や中等学校等の体育教員から，アカデミックトレーニングを受けることなく戦後大学教員になった者が少なくない．このような状況では，講義担当者自身の経験や主観で講義が行われることが多くあったという．

　戦後の学校体育をリードしてきた前川は，1973年に体育諸科学はますます隆盛になろうとしているのに，体育科教育法は一向に変わらないと嘆く．戦後30年近く経ってもなお，体育科教育法は「teaching methodの手ほどきという程度のものであって，真の意味で専門家によって研究されたものではなかった」という．そして体育科教育法から体育科教育学への転換とその研究が急務であると警鐘を鳴らす．

　前川は体育の科学的理論を重視しながら，現場実践と理論の往還を通して，①学習者研究，②体育の目標・目的設定に関する研究，③教科内容研究および教材研究，④体育カリキュラム研究，⑤指導法研究，⑥評価論にわたる諸研究の蓄積によって，体育科教育学の確立を訴えたが，前川がこのような提言に至る背景には当時の教科教育学や体育科教育学をめぐる新しい動きがあったことを確認しておく必要があろう．

1966年に日本教育大学協会から「教科教育学の基本構想案」が発表され，そこでは教科教育学は当該教科の基礎科学と教育科学が交差する領域にその位置を占め，基礎科学と教育科学を基盤に教科固有の目標・内容・方法を明確にし，教授—学習過程の理論的，実践的研究を行う学問領域であると提唱された．前述の前川が体育科教育学の確立を訴えた前年の日本体育学会第23回大会（1972年，福岡大学）では，体育方法専門分科会のシンポジウムで「体育科教育学の基本構想」というテーマのもと，シンポジウムが行われている．このシンポジウムでは，日本教育大学協会の「教科教育学の基本構想案」に示された「科学としての教授学」の考えに触発される形で，体育科教育学と体育に関連する基礎科学との関係の明確化，体育という教科の独自性の解明，体育の教科内容の明確化等を通して，体育科教育学とはいったいどのようなものであるかが検討された．現在の研究視角から見ても，それぞれの問題は極めて重要で大きな課題であり，当時必ずしも十分な学術的議論が深まったとは思えないが，体育科教育学を確立したいとする研究者の思いがよく伝わってくる．

　体育科教育学確立を志向する研究者の思いは，体育方法専門分科会から体育科教育学専門分科会の分離・独立という形で1979年（日本体育学会第30回大会）に結実していく．分科会独立の背景には，運動技術ないしは運動方法学の研究と体育の学習指導の研究とでは，その学的対象も方法論も異なると考えられたことが直接的な理由であったと推察されるが，ようやくここに至ってmethodとしての体育科教育法からdisciplineとしての体育科教育学が姿を現したということである．

4 — 体育科教育学の成立と日本体育科教育学会

　体育科教育学専門分科会では，1990年ごろから独立学会設立の動きが見られるようになった．その背景には既述したように，1980年代以降の国際的な当該研究領域の動向にあわせて，我が国でも，体育科教育学を固有の学問領域として確立することが求められるようになったことが挙げられる．加えて，現職の大学院生の増加とともに会員が増えるにしたがって，より現場の体育授業に沿った実践的な研究の蓄積が求められるようになったからである．1996年に体育科教育学専門分科会と連携した日本体育科教育学会が発足したが，当初，第1回大会以降第9回大会（2004年9月，信州大学）までは，シンポジウムのみを体育学会大会時に開催したが，第10回大会以降は体育学会大会とは分離して単独開催を行うようになった．

　この間，体育科教育学専門分科会では，体育科教育学の学的対象が大きく変わることになった．2006年までの学会発表の分類表（コード表）では，体育科教育学原論（学問論，学的対象・方法論）に体育科教育原論，就学前体育科教育，小学校体育科教育，中学校体育科教育，高等学校体育科教育，大学体育教育の大項目（綱）のそれぞれに小項目（目）である体育科教育論，教育課程，国際比較，目的，内容（教材），方法，指導者等々を組み合わせるものであった．学的対象に学問論と校種別体育実践を並列する根拠は不明であり，体育科教育学の対象としても論理的整合性の点で問題が散見される．2007年から採用された現行のものでは，以下のようになっている．なお，学会発表の分類では，これらの対象に幼稚園から小・中・高・大学・現職教育を組み合わせることになる．

　○カリキュラム論（例：教科目標・内容論，教材論等）
　○教授・学習指導論（例：教授・学習過程研究，教師行動および学習者行動等）
　○体育教師教育論（例：教師教育のプログラム研究，ライフヒストリー研究，教師の知識構造等）
　○科学論，研究方法論（例：体育科教育学論，研究対象・研究方法論等）

なお，これらの体育科教育学の学的対象は，近年の国際動向に合わせたものである．

　以上，これまでを要約すれば，体育科教育学は体育授業を中心とする体育科教育実践の改善を目指して行われる研究分野であり，体育学と一般教育学（教授学）との関係の中で成立する1つの独立した専門分科学であるといえよう．また，主要な学的対象として現時点では，カリキュラム，教授・学習過程，教師教育，体育科教育学論が定立できるだろう．

5—おわりに

　戦後，1950年代から60年代にかけての体育の民間教育研究団体を中心として盛んに展開された体育実践の土壌には，心ある現場の教師が戦前・戦後を断絶させることなく細々とでもつなぎ，子どもと真摯に向き合ってきた授業実践や経験の蓄積と連続があったのではないか．そして，戦前の体育実践には先に見た国立体育研究所の諸研究がいかほどか影響を与えたとも考られる．他方，1950年代末に始まった学習指導要領の法的拘束化が，一面では我が国の体育授業の質的保証を担保してきたとはいえ，他面では，現場での豊かな体育実践や体育科教育学の発展の足枷になったことも否定できない．しかし，いつの時代でも，体育科教育学は体育授業に関わる多くの実践者と研究者による共同の企てとして，その学的発展を遂げてきたといえるし，今後も一層そのような発展のあり方が望まれる．

　ここでは体育科教育学の学的方法論に深く立ち入ることはできなかった．しかしながら，ICTやITがいっそう進展する今，変わる社会や変わる子どもの中で，体育実践におけるリアルな問題を解決するには，これも先人たちが指摘してきたように，スポーツ科学（体育学）の多様な学的方法論を具体的な問題に応じて柔軟に用いていくことが必要であろう．いわば，立場から問題の解明にあたるのではなく，今まさにそこに生起する授業の問題そのものから出立することが肝要であるということである．

（友添秀則）

注

＊1　本項の記述については，主に文献の2)5)に依った．なお，本章での引用箇所等の旧字体は筆者が新字体に変換した．

文献

1)　Kirk, D. (1998) School sport and physical education in history. International Journal of Physical Education, XXXV (2): 44-56.
2)　北豊吉(1925)体育研究所に就て. 体育と競技, 4(2):88-92.
3)　前川峯雄(1973)体育教育学の確立を目ざして. 体育学研究, 18(4):155-161.
4)　大友智(2012)体育科教育学の立場からみた体育の授業研究の成果と課題—学習者行動研究の観点から—. 体育科教育学研究, 28(2):37-45.
5)　体育研究所編(1939)体育研究所概要. 体育研究所：東京.
6)　辻野昭(1997)体育科教育の未来像—体育科教育の過去・現在・未来—. 体育学研究, 41：389-394.

第2章

体育科教育学の目的と性格

1— はじめに

　ここでは，体育科教育学という学問分野のアイデンティティについて考えてみたい．体育科教育学という学問は何のために存在しているのだろうか．どのような学問的な特徴や性格を有しているのだろうか．これらの問いは，教育学，教科教育学，体育科学といった体育科教育学と関連する学問分野の中での，独自の位置づけを確かめる上で重要である．また，現実世界に関する真理・真実を明らかにし，よりよい現実をつくり出すことに寄与するのが学問であるとすれば，体育科教育学の学問的な性格を明らかにすることは，その学問的な責務を明確にするためにも避けては通れない．

　学問的な目的と性格についての探求は，体育科教育学の成立過程において積み重ねられてきた．学問的な特徴や性格は，研究領域や対象がはっきりすることによってクリアになる．そして，独自の領域や対象の解明には固有の研究方法が必要である．したがって，ここで述べることは，第1部の各章で述べられていることや，第2部の研究方法に関する論述と関連し合っている．これらのことを確認した上で，本章の本題に入ろう．

2— 「体育実践の改善を目的とする」の再考

　体育科教育学は，「体育授業を中心とする体育実践の改善を目的としている」と理解されている（高橋，1987，2010）．この一見自明と思われる一般的な理解も，実はいろいろな検討すべき事柄を含んでいる．いくつかの論点を挙げてみよう．

　第一に，「体育授業を中心とする体育実践」の範囲をどのように考えるか．つまり，教科としての体育・保健体育の授業と，教科以外の体育行事や学級活動，さらには課外の運動部活動・クラブ活動も考察・探求の対象になるのかどうか．また，これらと体育授業はどんな関係にあるのか．

　第二に，「体育実践の改善」とは，一体どのようなことを意味するのか．「改善」の根拠，基準，方法原理をどのように考えればよいのだろうか．さらには「改善」の中には，「改革」や「変革」や「創造」といった，よりラディカルな意味合いも含まれているのかどうか．

　第三に，そもそも教科としての体育や学校体育全体の構想とあり方について，その制度・条件や基盤の成り立ちを含め，よりよい姿やあるべき姿について考えるということも「体育実践の改善」

の視野に入っているのかどうか.

こうした論点の探求は，体育科教育学の研究領域や対象について考察することと関わっているが，ここではまず，体育科教育学の目的について次のように二重の意味で捉えておくこととしたい.

①現実の学校教育に関する法制度と条件のもとで営まれている体育授業を中心とする学校における体育実践（教科，教科外，課外を含む）の改善を目的とする.

②体育科教育実践に対する現代的あるいは将来的な社会的要請を踏まえ，法制度や条件の改変も含む学校における体育実践（教科，教科外，課外を含む）の変革や創造を目的とする.

①については，これまでの体育科教育学の目的についての一般的理解として妥当な捉え方であるといえよう. これまでの体育科教育学のあゆみと発展が体育実践の改善をどう実現してきたのか，その成果と課題を明確にすることが，①の目的に対する学問的成果や価値についての評価となろう. ここでは，①に加えて②の捉え方が必要である理由について補足しておく.

2017・18年改訂の学習指導要領は，2016年の中央教育審議会の「審議のまとめ」に基づいており，そこではこれからの教育に対する考え方の転換がうかがえる. つまり，さまざまな解決方法が未知の問題を抱え，ますます複雑で予測が困難な変化を遂げる社会に学校教育はどう対応していけばいいのかが中心的テーマになっている. 21世紀の知識基盤社会の本格化，情報化やグローバル化の予想をはるかに超える進展，人工知能に象徴される第4次産業革命の到来など，これまでにない社会の変化が指摘されている. そのため，これまでの教育のあり方の延長で解決すべき問題や教育に求められる事柄を考えるにとどまらず，むしろ積極的に将来実現すべき社会のあり方を構想し，その実現のために教育はどうあるべきかが問われている. 子どもたちにも，主体的に新しい未来の姿を構想し，多様な他者と協働して新しい価値を創造して，それを実現していく力を育んでいくことが期待されているのである.

これらのことは，体育科教育学の目的に関連していえば，これからは「将来のあるべき体育実践の創造・実現」を目的とした体育科教育学の探求がより重要になってくることが予想される. したがって，上述のように，体育科教育学は，現行の「体育実践の改善」にとどまらず，「将来のあるべき体育実践の創造・実現」を目的とすると，二重の意味で捉えることが必要なのである.

次に，体育科教育学の目的についてより具体的な方向性について考察するために，将来を展望して体育実践に何が求められるのかを検討してみよう.

3—これからの体育実践と体育科教育学の目的

体育実践のあり方，あるべき姿に関する探求は，体育科教育学の重要な研究の柱である. 体育科教育の存立根拠，存在意義は何か，体育科教育の本質および目的は何かがこれまでも探求されてきた. そこでは，学校教育における体育科教育の正当性や，政策的・制度的条件の理論的・理念的な拠り所を明らかにし，歴史的・社会的・文化的な状況変化に応じて体育の存立根拠や本質が絶えず問い直されてきた.

今次の学習指導要領の改訂に際し，保健体育という教科を学ぶ本質的な意義の中核をなす「見方・考え方」が示された. それは，「生涯にわたる豊かなスポーツライフを実現する観点を踏まえ，運動やスポーツをその価値や特性に着目して楽しさや喜びとともに体力向上を果たす役割の視点から

捉え，自己の適性等に応じた『する，みる，支える，知る』の多様な関わり方と関連づけること」と述べられている．この「見方・考え方」から，「生涯にわたって心身の健康を保持増進し豊かなスポーツライフを継続する資質・能力を育む」ことが強調されている．端的にいえば，「多様な関わり方」を含む豊かな生涯スポーツの実践主体の育成が体育科教育の実践に求められている．

この要領改訂の背景としては，2011年に成立した「スポーツ基本法」と，それを受けて策定された「スポーツ基本計画」がある．「基本法」では，「スポーツを通じて幸福で豊かな生活を営むことは，全ての人々の権利」であると記され，第2期「基本計画」(2017年度から) では，「スポーツで『人生』が変わる！」「スポーツで『社会』を変える！」「スポーツで『世界』とつながる！」「スポーツで『未来』を作る！」という4つの方針が示されている．「豊かなスポーツライフを継続する資質・能力」を備えた実践主体のイメージは，これらの新たな法制度や政策的な展望と関わっている．

また，学校教育をめぐっては，今日，先進諸国と同様に我が国でも「市民性」を育成する場としての学校への期待が高まり，民主主義社会において自立した判断のもと，社会の公的な意思決定に主体的・能動的に参加する「主権者教育」が課題となっている (小玉, 2017)．スポーツという文化の成熟や発展そのものが，民主主義の制度や人権思想や市民性の確立と深い関わりがあることを考えれば (多木, 1995; 出原, 2002)，市民性育成の場としての学校への期待に対して，体育科教育はその文化的基盤の性質に根ざした重要な役割を果たす可能性を秘めている．

以上のことから，これからの体育実践に求められることをまとめてみよう．

スポーツで自分の人生と，生活を取り巻く社会を変え，広く世界とつながって，未来を切り開いていく．このような生涯にわたる幸福で豊かな「スポーツライフ」を現実化・実質化していく権利主体者としての資質・能力を育てること．

言い換えれば，学校における体育実践は，スポーツ分野における「主権者教育」，「市民性」の育成を担うことが期待されよう．

これらを受けてここでは，体育科教育学の目的を次のように規定しておきたい．

学校における現実の体育実践の改善を実践的・実験的に追求しながら，「将来のあるべき体育実践」を理論的に構想し，体育実践の変革の正当性を探求し，その方法原理を明らかにして，あるべき体育実践を創造・実現すること．

4 — 体育科教育学の特徴と性格

上述の体育科教育学の目的の規定を踏まえて，体育科教育学の学問的な特徴と性格について考えてみよう．結論的にいえば体育科教育学は，基礎的・理論的な研究という側面と，実践的・臨床的研究としての側面を持っているところにその特徴がある．

基礎的・理論的研究では，体育科教育の成り立ちやあり方について，歴史的・社会的に考察・解明したり，さまざまな国や地域の実態を比較したり，政策・制度といった社会的条件や基盤が十分かどうかを検討したりする．さらに，体育科教育の本質，目的・目標，カリキュラム，教育内容と教材，学習指導方法と学習評価などについて理論的に根拠づけ，目標—内容—方法—評価を相互に

関連づけた実践の方法原理や原則を明らかにする．基礎的・理論的研究は，体育科教育の成り立ち，構造や機能や価値を原理的に明らかにする意義と重要性を持つが，とりわけこれからは，将来の体育科教育のあり方を理論的に提起する研究が求められよう．

　他方で体育科教育学には，体育実践の現場が抱えている現実的問題の所在と本質を解き明かし，その問題を解決するための手がかりや科学的な根拠を示すことで，体育実践の改善や変革に寄与することが求められる．そして，体育実践の現場に有用な研究成果を導き，蓄積し，体系づけていくことが必要である．体育科教育学研究の目的と対象や成果が学校現場の当事者にとって実践的リアリティを持っているかどうかが問われる．こうした意味で，体育科教育学は，実践的・臨床的研究という性格を色濃く持っている．

　「実践的」とは，体育実践の現場の実際・実態や事実に根ざしているということである．具体的な教師と子どもたちの取り組み，具体的な教育現場の諸条件のもとで営まれた体育実践をベースとして，そこに教育的な効果や価値を生み出している事実を確かめ，それらの検証を通して一般的に妥当するような方法原理や原則を明らかにしていく．けれども，具体的な現実のある一部分や一側面に焦点を当てて客観的・数量的に捉えることはできたとしても，複雑な実践の現実を総体として明らかにすることは容易ではなく，その方法論も確立されているわけではない．そのため，「臨床的」な手法が必要となる．

　「臨床的」な学問は次のように性格づけられる（庄井，2002）．それは，研究者が教育の実践者と対等・平等の同じ目線に立って，実践の課題や出来事の意味を対話的な関わり合いによって読み取り，実践を改善・変革していく可能性や契機を現実の中から浮かび上がらせるということである．それには，研究者が実践者の取り組みを自分事のように内在的・共感的に受け止める側面と，冷静な外部の観察・分析者として理性的・客観的に考察・解明する側面を統一していく必要がある．こうして，実践の現実に対して責任のある応答をすること，現実を共同して改善・変革していくこと，そうした自覚と主体的な関与のもとで，実践の具体的現実に関する総体的な知見を導き出すような迫り方が求められるのである．

　具体的で典型的な方法としてはアクション・リサーチという手法が挙げられる（秋田，2005）．体育実践の当事者である教師と，体育実践を研究対象とする研究者が対等な立場と実践の改善・変革・創造への共通の問題意識を持って共同し，いわばプロジェクトチームを組んで研究を進めることになる．そこでは，実践上の問題を共有化・明確化し，問題を解決する見通しや仮説について協議しながら，それに基づいて実践計画を立てる．その計画に沿って実践的な試みを実施し，実施過程の事実を観察・記録するとともに，得られた情報をフィードバックして実施過程を修正しながら，実施過程の推移をトータルに分析して効果・成果を確かめ，実践的な試みの評価と課題を明らかにしていく．こうして実践上の問題に関する一連の研究を積み重ねながら研究上の知見や実践的な方法原理を導いていく．

　このように体育科教育学の学問的な特徴と性格は基礎的・理論的研究と実践的・臨床的研究とを統一するところから生まれる．それは研究の目的・対象である体育科教育の実践そのものが，歴史的・社会的・文化的コンテキストを持ち，現実の社会的法制度や政策に規定され，教育理念・条理に方向づけられながら，実際の地域生活を構成する学校という場の諸条件のもとで営まれる具体的な教師と子どもたちの身体を媒介する対話的・応答的活動であるからである．体育科教育の実践のこうした複雑さに分け入って，実践の改善・変革・創造の要点と方法を探り当てるところに学問的追求の醍醐味があるのだろう．

（森　敏生）

文献

1)　秋田喜代美（2005）学校でのアクション・リサーチ．秋田喜代美・恒吉僚子・佐藤学編著，教育研究のメソドロジー．東京大学出版会：東京．
2)　出原泰明（2002）運動文化論発展のための理論的課題．学校体育研究同志会編，運動文化研究，20．
3)　小玉重夫（2017）民主的市民の育成と教育カリキュラム．佐藤学・秋田喜代美ほか編著，学びとカリキュラム．岩波書店：東京．
4)　庄井良信（2002）臨床教育学の研究方法論・探訪―普遍的具体の生成振動を照射するネオモダニズムの鼓動―．小林剛・皇紀夫・田中孝彦編，臨床教育学序説．柏書房：東京．
5)　高橋健夫（1987）体育科教育学の性格．成田十次郎・前田幹夫編著，体育科教育学．ミネルヴァ書房：京都．
6)　高橋健夫（2010）体育科教育学でなにを学ぶのか．高橋健夫・岡出美則・友添秀則・岩田靖編著，新版 体育科教育学入門．大修館書店：東京．
7)　多木浩二（1995）スポーツを考える―身体・資本・ナショナリズム―．筑摩書房：東京．

第3章

体育科教育学の研究領域

1—体育科教育学の歩み

　体育科教育学は，英語ではphysical education pedagogyやpedagogy of physical education，ドイツ語ではsportpädagogikやsportdidaktikと表記される．この研究領域は，体育やスポーツ科学の関連科学の中でも比較的新しい．実際，アメリカにおいてもそれは，1960年代以降に，急速に発展していくことになる．

　我が国ではかつてそれは，「体育科教育法・体育教材研究」と呼ばれてきた．その背景には，それが教育職員免許法および同施行規則によって教職専門科目の1つに指定されていたことがある．しかし，そこで示されていた内容は研究成果から見ても多くの問題を抱えていた．そのため体育科教育法を科学的，実践的な学問にする動きが1960年代にスタートする．文部省の教員養成系大学・学部への大学院設置政策は，教科教育学確立への運動を推進する大きな力となっていく．この動きの中で，1978年にはそれまで日本体育学会・体育方法専門分科会にあった「体育科教育」に関する研究領域を，体育科教育学専門分科会として分離・独立させることが総会で承認された．そしてこの専門分科会設置の承認とその機関誌『体育科教育学研究』の発行を経て，1995年には同専門分科会を母体として，日本体育科教育学会が結成された（竹田ほか, 1997, pp.4-5）．

　このような試みの中で，体育科教育学の研究領域も細分化していくことになる．図1は，英語圏で提案された研究領域案である．日本体育学会・体育科教育学専門領域は，このような提案を踏まえ，2019年時点では研究発表のコードを①カリキュラム論，②教授・学習指導論，③体育教師教

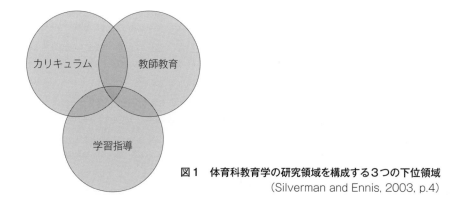

図1　体育科教育学の研究領域を構成する3つの下位領域
(Silverman and Ennis, 2003, p.4)

育論，並びに④科学論，研究方法論に大別している．以下では，これら4つの下位領域に即して各研究領域を概観したい．

2 ― カリキュラム論

　体育という教科が，教科としての地位を制度的に保障されるためには，他教科とは異なる目標や指導内容を備えていることが必要になる．目標は，具体的な指導内容やその意図的，計画的な配置を示すカリキュラムなしに習得できない．その際には，どの学年に，何をどの程度保障するのかを明示することが必要になる．また，指導内容の体系を明示することも必要になる．学習指導要領は，それらを示す文書の例であるとともに，体育を他の教科と識別する根拠となる文書の例ともいえる．

　もっとも，個々の教科で保障すべき目標や指導内容は，他教科との関係によっても変化し得る．保健と体育が1つの教科として設定されている国やそうではない国，学年により教科の名称や内容が異なる国も存在する．このような場合，比較を通して教科の目標や指導内容の体系を検討していくことも可能になる．また，個々の指導内容に対応した教材の開発も重要になる．これらは，カリキュラム論の射程に収まる研究課題といえる．

　他方で，学習指導要領やその解説の記述は，何を達成したいのかを示しているという意味では，意図されたカリキュラムといえる．しかし，意図されたカリキュラムが期待された成果を上げているかどうかは，適切な方法を用いて検証される必要がある．また，意図された成果が上がっていない場合には，その原因を明らかにしていくことが必要になる．ここでは学習に値する内容と学習可能な内容が検討されることになる．この過程ではさらに，カリキュラム改革を阻害する要因やそれを促進する要因を明らかにしていく．カリキュラム評価に関わる研究課題がここで浮かび上がることになる．

3 ― 教授・学習指導論

　意図されたカリキュラムが実際に達成されていくためには，一定の手続きの遂行が必要になる．この手続きは，学習指導論の研究対象となる．同時に，手続きを検討する理論的な枠組みが問題に

表1　体育の授業を進めるために必要な方略と知識（Metzler, 2011, p.78）

マネジメント	1　予防的 2　双方向的 3　グルーピング	モデルベースの学習指導を展開するために必要な知識領域	1　学習の文脈 2　学習者 3　学習理論
学習指導	1　課題の提示 2　課題の構造 3　課題への従事 4　学習活動 5　課題の進度 6　安全確保 7　総括		4　発達の適時性 5　学習の領域と目標 6　体育の内容 7　評価 8　社会的／情緒的雰囲気 9　平等性 10　体育のカリキュラムモデル

なる．表1は，達成したい目標に対応した学習指導モデルを提案したMetzlerの学習指導論の枠組みである．このような枠組みが示されることで意図されたカリキュラムを達成するための手続きが明示されていくことになる．プロセス—プロダクトモデル (Piéron and Cheffers, 1988) は，1970年代以降，体育の学習指導研究に豊かな知見をもたらしてきた．

　また，我が国では，かつて高橋 (1995) がよい体育授業の条件を，内容的条件と基礎的条件という理論枠組みで提示したが，英語圏ではこの点に関わり，効果的な授業や成功を保障する授業といった概念やマネジメントに関わる課題システム，学習指導に関わる社会システム，並びに人間関係に関わる課題システム (Tannehill et al., 2015) という概念が提案されてきた．さらに，学習者の学びの過程を検証することで，学習者が身につけている素朴概念の検証も進められてきた．このような経過は，学習指導論が，学習を方向づける意図的な計画，それを取り巻く環境条件，学習者の身につけている知識や価値観と関連づけられて，開発されていることを示している．同時に，学習指導論の検討時における学習者論の重要性を示唆している．

4──体育教師教育論

　体育科教育学の中で体育教師教育に関する研究は，後発である．それは，カリキュラム論や教授・学習指導論に関する研究成果を体育教師教育プログラムに適用し，その効果的な育成を意図した研究といえる．

　しかし，体育教師教育に関する科学的な知見が，体育教師の養成プログラムや現職教員に対する研修プログラムに組み込まれたからといって，受講者がその知見を素直に受け入れるわけではない．なぜなら，養成プログラムの受講者や現職教員の研修プログラムの受講者もまた，自らの経験に根ざした価値観や知識を身につけているためである．

　体育教師の価値観や主観的理論に関する研究や教師の省察を促進する指導方略に関する研究領域は，このような問題に直面する中で，体育教師教育に関わる研究者たちが取り組むようになってきた研究領域といえる．生涯にわたる教師の成長 (CPD: continuing professional development) という概念を踏まえ，教師の成長の段階 (Graham, 2008) にあわせた研修プログラムの開発や教師が身につけるべき知識体系の提案，さらには生徒の実態に応じて指導内容を適切に指導できる知識を身につけている状態 (PCKg: pedagogical content knowing) (Cochran et al., 1993) に至る過程や体育教師の社会化に関する研究，さらには自己研究 (self-study) に関する研究もまた，教師の職能開発に関わる重要な研究領域といえる．これらの研究成果は，教師も学習者と同様，能動的に学び続ける存在であることを示してきた．

　他方で，限られた時間の中でどのような資質，能力を教員養成プログラムで提供していくのかという問いかけは，教職希望者や現職教育に対する体育教師教育のスタンダード開発やその理論的な枠組みの検証，効果検証を促すことになる．

5—科学論,研究方法論

　もっとも，ここまで述べた3つの研究領域の中でエビデンスに基づく，信頼できる研究成果が生産されていくには，体育科教育学という科学の存在が社会的に承認されていくことが必要になる．それはつまり，体育科教育学が科学として満たすべき要件を整えていく必要があるということである．

　例えば，日本体育科教育学会は，日本学術会議協力学術研究団体として登録されているが，この登録に際しては，①学術研究の向上発達を主たる目的として，その達成のための学術研究活動を行っていること，②活動が研究者自身の運営により行われていること，③構成員（個人会員）が100人以上であり，かつ研究者の割合が半数以上であること，並びに④学術研究（論文等）を掲載する機関誌を年1回継続して発行していることが挙げられている．

　このような科学を取り巻く制度的条件や研究の進展は，改めて体育科教育学がどのような科学として社会的に存在し得るのかという問いへの解答を求めることになる．現状では，我が国の体育科教育学内でのこの点に関する研究成果の蓄積は乏しい．しかし，多様な諸科学と連携しつつ，体育科教育学が今後も独立した科学として存在していくためには，この問いに対する理論構築は不可欠だといえる．

　他方で，科学としての存在が社会的に受け入れられるには，信頼できるエビデンスの蓄積が求められる．この信頼できるエビデンスの蓄積に際しては，研究方法論が問われることになる．

　通常，研究方法論といえば，質的なデータや量的なデータの収集，分析方法が想像されやすい．質的データでいえば，分析したデータの信頼性，再現性を確保するためのトライアンギュレーションやメンバーズチェックは，その例である．量的データでいえば，記述統計学や推計統計学の手法がその例となる．

　しかし，体育科教育学が科学であるためには，研究の目的に対応した研究のデザインや研究のデザインを支える理論の妥当性や理論を踏まえた考察の信頼性が求められることになる．

6—今後に期待される研究領域

　国際的に見れば，体育の授業時数削減への危機感とその対応のために，1999年には第1回世界体育サミットが開催された．これ以降の体育・スポーツ担当大臣等会議（MINEPS）での論議の中心的テーマの1つが，良質の体育の提案であり，その実現に向けた国際的な情報共有に向けた取り組みであった．それらは，政策決定に向けた提案であり，そこで示されている良質の体育の実現，維持に必要な方略が，①教師教育プログラムの開発，②施設，用具並びに資源，③柔軟なカリキュラム，④コミュニティとの連携，並びに⑤モニタリングの質の確保という観点から示されている（UNESCO, 2015）．

　このような提案は，良質の体育の実現に必要な政策決定を支援することになる．しかし，この提案が信頼でき，実効性のあるものになっていくためには，信頼できるエビデンスに基づく多様な研究成果の蓄積が求められる．その意味では，体育科教育学は理論を生み出す科学であると同時に，それを応用する領域との関連が明確な科学であるという性格を意識する必要がある．

他方で，その研究の社会的な影響力の弱さを指摘されていたことにも目を向ける必要がある（Armour, 2014, p.854）．研究には，オリジナリティ，有意味さ，並びに厳格さが求められるといわれるが（Armour, 2014, p.854），良質の体育の実現を可能にする要因やその持続可能性を妨げている要因の検討という観点に立つとき，体育科教育学の研究領域は，今後，より拡大，複雑化していくことが求められる．同時に，この過程では学際的な研究を展開していくことも予見される．

　なお，今日では，このような研究成果を収録した学術誌やハンドブック（Kirk et al., 2006），入門書（Graham, 2008; Tannehill et al., 2015）等を通して確認できるシステムが整備されてきている．主要な研究領域内でも研究課題が細分化し，全体像が見えにくくなっている現在であるがゆえに，このような情報源を活用し，良質の体育の実現という観点から見た新たな研究課題の検討が継続されていくことも重要になろう．

（岡出美則）

文献

1）　Armour, K. (2014) New directions for research in physical education and sport pedagogoy. Sport, Education and Society 19(7): 853-854.
2）　Cochran, K. F., DeRuiter, J. A. and King, R. A. (1993) Pedagogical Content Knowing: An Integrative Model for Teacher Preparation. Journal of Teacher Education 44(4): 263-272.
3）　Graham, G. (2008) Teaching Children Physical Education. 3rd ed. Human Kinetics: Champaign.
4）　Kirk, D., Macdonald, D. and O'Sullivan, M. (2006) The Handbook of Physical Education. Sage: Los Angels.
5）　日本学術会議　http://www.scj.go.jp/ja/scj/index.html（参照日2020年11月9日）．
6）　Piéron, M. and Cheffers, J. (1988) Research in Sport Pedagogy. Karl Hofmann: Schorndorf.
7）　Silverman, S. J, and Ennis, C. D. (2003) Enhancing Learning: An Introduction. In: Siverman, S. J., and Ennis, C. D. (eds.) Student Learning in Physical Education. Human Kinetics: Champaign. pp.3-7.
8）　高橋健夫編著（1995）体育の授業を創る．大修館書店：東京．
9）　竹田清彦・高橋健夫・岡出美則編著（1997）体育科教育学の探究．大修館書店：東京．
10）Tannehill, D., van der Mars, H., and MacPhail, A. (2015) Building Effective Physical Eudcation. Jones & Bartlett Learning: USA.
11）UNESCO (2015) Quality Physical Education (QPE): guidelines for policy makers. https://en.unesco.org/inclusivepolicylab/sites/default/files/learning/document/2017/1/231101E.pdf（参照日2020年11月10日）．

第4章

体育科教育学と隣接諸科学

1 ― 体育科教育学の研究基盤

(1)体育科教育学を支える隣接諸科学のイメージ

　体育科教育学は，学校の教科を対象とする教科教育学の1つとして成立しているから，まずもって教科としての体育科を構成している主な内容の客観性を裏づける専門科学との関連性が不可欠である．体育科では，例えば各単元内容を構成する運動領域の技術や体力といった要素の，何をどのように取り上げるのかを客観的に保証する必要が出てくる．そのため運動技術では，これを力学的に明らかにしようとするバイオメカニクスによる，あるいはこれを現象学的に人間のカンやコツといった観点から明らかにしようとする運動学による，それぞれの知見や成果が求められることになる．また体力との関係では，主に運動生理学やスポーツ医学からの知見や成果が，体育科の教科内容を支える重要な科学的データを提供することになる．

　他方，体育科教育学は，このような専門科学の知見や成果をどのように具体的に教え，学ばせるのかといった教育学を基盤として成立しているから，極めて臨床的で実践的な教授と学習に関する科学的知見が求められる．体育の授業づくりにおける目的や方法を研究する場合には，教育学によって開発されたキーワードやフレームが欠かせないことになることはいうまでもない．

　このように体育科教育学を支える隣接諸科学とは，①教科としての体育科における内容と，②授業づくりにおける目的や方法の科学的客観性，とを担保する意味で関連づけられているイメージがある．そして，①は各専門科学との関係において，②は教育学との関係において，体育科教育学におけるそれぞれの研究テーマと深い結びつきを持つのである．

(2)体育学の観点から

　上記の①との関係から，体育学は体育科教育学が意識され成立する以前から，体育授業やそれに関連する体育的諸活動，例えば部活動や体育的行事，自由時間の体育的活動はいうに及ばず，社会全般に広がるスポーツ活動や身体活動一般にまで視野を広げた人間の運動をめぐる各専門科学領域を形成してきた．日本体育学会は1950年に設立したが，この学会内に体育科教育学の専門分科会(現在は専門領域) ができたのは1978年のことである．したがって，この約30年間の体育科教育に関する研究は，もっぱら体育学を構成する専門諸科学から行われていたことになる．

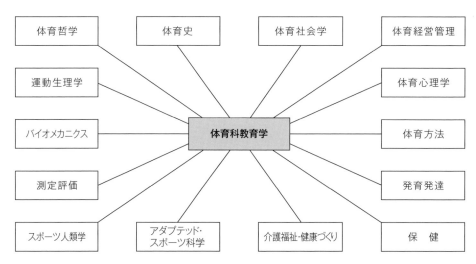

図1　体育科教育学をめぐる体育学の隣接諸科学（専門領域）

　現在，日本体育学会は，図1に示すような15の専門領域によって構成されているが，体育科教育学の研究を進めるに際しては，他の14の専門領域の知見や成果が何らかの形で関連してくる．ただ，体育科教育学が体育学の専門領域として独自に意識され成立した背景の1つには，逆にその他の専門領域が，例えばその親科学（mother science）である社会学や心理学，あるいはバイオメカニクスや生理学といった諸科学の理論に引きずられ，その分野内部に貢献する知見や成果を重視しようとする傾向があったからだといわれる．ここでは，体育科教育学が体育実践を離れがちな体育学を構成する専門諸科学の知見や成果をどのように取捨選択し，応用するのかが問われることになる．逆にいえば，このような体育科教育学における研究上の課題は，体育学の中で体育科教育学が独自の地位を占めることになったがゆえに生じた隣接諸科学との課題とも捉えることができるかもしれない．

　また，体育科教育学と体育学とのこのような研究史的関係から考えると，体育科教育学と隣接諸科学との関係は，体育学を構成する専門領域を通して，あるいはその影響を受けた親科学としての隣接諸科学の知見や成果との関係であるということができるだろう．したがって，もし体育科教育学が，他の専門領域と同じように直接，その親科学と関係しながら研究を進めていく機会が多くなれば，その親科学の1つの研究対象としてしか体育現象を見ようとしないという逆転現象が起きる可能性も考えられる．

（3）教育学の観点から

　上記の②と関連する教育学は，まぎれもなく体育科教育学の親学問であり，研究に際してはこれに強く依存する．教育学が開発した諸概念は，そのまま教育的営みの対象としての体育科に適用され解釈されて，研究を進めていく上でのキーワードを構成することになる．

　例えば，「生涯学習論」から「生涯スポーツ論」への応用をはじめ，「学力論」「問題解決学習」「個別化・個性化学習」「選択制」「男女共習」「診断的・形成的・総括的評価」等々は，全て教育学の諸概念から演繹されたものである．したがって，体育科教育学の研究を進めるに際しては，教育学

の一対象としての教科・体育というスタンスで教育学の諸概念が応用されることになるが，当然のことながらそこには体育独自の解釈や応用が研究上の課題となってくるはずである．体育科教育学が教育学を親学問としつつ，むしろそれを隣接諸科学の1つとして見ることによって，両者の研究における概念的異同を明確にしながら，体育科教育学研究における独自な定義に基づく実践や現象の説明が求められる．

2 — 体育科(授業)とそれを支えるしくみ(構造)から見た隣接諸科学

(1) 体育科の授業づくりと隣接諸科学

体育科教育学の必要性は，体育学を構成する諸専門領域からの研究アプローチによって十分に明らかにされない体育授業や体育的諸活動（部活動や体育的行事）等に対する実践的諸課題を合理的に解決する科学的な要求から生み出されたものであった．だから，その対象は，図2に示した「体育の社会的構造」から見れば，枠で囲んだ実際の授業場面における「運動」「児童・生徒」「学習集団」「教師」「施設」といった各要素によって構成される体育授業に焦点化されることになる．そうすると隣接諸科学からのアプローチは，体育の授業づくりと関連する各要素の何を問題とするのかによって，その求められ方が異なってくる．

例えば，子どもたちの運動をめぐって「つまずきを解消したい」とか「できなかったことをできるようにさせたい」といった教師の願いは，体育指導における技術分析に基づく実際の子どもたちの運動に対する形態（かたち）や動感（動きを支えている感じ）に目を向ける必要性を生み出す．このよ

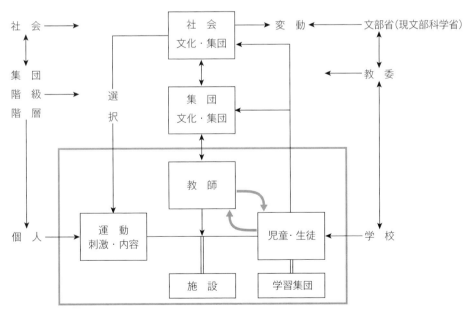

図2　体育の社会的構造（授業と社会の関係）
（竹之下休蔵（1972）「プレイ・スポーツ・体育論」p.45の図1を改変）

うな課題に対して，主に現象学と呼ばれる哲学的な知見に基づいて応えようとするのが運動学的アプローチである．また，同じ課題を「動き」の力学的な知見から自然科学的に解明して「なぜそうなるのか」を数量化し，課題解決のためのエビデンスを与えようとするのがバイオメカニクスということになろう．

　他方，学習者である子どもの学習動機や有能感，あるいはパーソナリティや心理的発達課題との関係から「運動への苦手意識」や，できる子とできない子とのいわゆる「二極化」等の課題にアプローチするのが体育心理学である．日本体育学会における体育心理学の研究発表コード表を見てみると，その「原理」のほかに「運動学習」「動機づけ」「パーソナリティ」「社会心理」「発達」「指導実践」「健康心理」「心理支援」に分類され，学習者のみならず教師を対象とした指導方法，あるいは個人や集団の適応や認知・情動の発達など幅広い実践的課題に応える研究分野であることが理解できる．

　これらの隣接諸科学は，いずれも体育科教育学が目指す「よい（質の高い）体育授業（Quality of Physical Education）」を実現しようとする実践的な内容や方法をめぐって動員される隣接諸科学の知見や成果ということがいえよう．しかしながら図2からも理解できように，体育科の授業づくりは，その授業を成立させている社会のあり様やその変動によって，あるいはそれらがもたらす運動への価値をめぐる文化的・集団的な変化によって大きな影響を受ける．極端なことをいえば，戦前と戦後の体育とでは180度「よい体育授業」への評価は変化したのであり，戦後から今日に至るまでそれは大なり小なり変化し続けているといっても過言ではない．

　このような体育授業をめぐる運動の文化的な変容論や，その社会的存在論まで視野に入れた体育科教育学が成立しなければ，斯学の研究における実践的課題は，その効果性や効率性のみを短期的に究明する隣接諸科学への応用に止まるものになってしまうと考えられる．

(2) 体育授業の文化的・社会的存在論と隣接諸科学

　先に示した「体育の社会的構造」（図2）は，1970年代に体育社会学から提示された体育授業をめぐる社会的な構造を示したものである．これに基づけば，体育科教育学にとって第一に必要な問いとは，社会的制度として体育科（授業）を捉えることによって，黙っていても児童・生徒が教師のもとに集まってくる力（権力）の在り処とは何か，ということであり，教科としての体育が既にその巨大な力を持っていることへの正当性をどのような立場から検討するのか，ということである．そのためには，体育科教育学が所与の体制の中でその教授法や教授技術，あるいは体力や技術の向上への合理性を問うだけではなく，体制や制度を含めた体育科（授業）のあり方を研究する哲学や歴史学，あるいは社会学や経営学等の人文・社会科学的研究によるアプローチが欠かせないということになる．体育科教育学の実践的研究がその方法にのみ隣接諸科学を応用しようとするならば，体育授業の社会的存在論に関する研究は回避され，教師の個人的な体育授業への価値実現が無批判に肯定される結果となり，授業の背後にある権力性の問題が見えなくなってしまうであろう．

　近年，学習指導要領（2017，2018年告示）が示す児童・生徒による「主体的・対話的で深い学び」（アクティブラーニング）が喧伝されているが，これを単に新しい学習「方法」の導入や刷新として捉えてしまうと，児童・生徒自らが問いを発する学習の起点（パトス，情念）が見失われ，アクティブラーニングが形骸化してしまうといわれる（松下，2019）．アクティブラーニングは，教科教育学においてその学習観を来るべき未来社会のあり様に向けて根本的に転換する視点とそれに基づく研究を伴わない限り，実現しないというのである．体育科教育学の場合には，体育学習に対する根本的な認

識のあり方を考え，研究するために，隣接諸科学である体育哲学や体育社会学の知見や成果に学び，これらを応用する必要があると思われる．

3 — 隣接諸科学に対する考え方や向き合い方

　「木を見て森を見ず」ということわざがある．体育科教育学の研究をめぐる隣接諸科学との関係については，かつて体育学（森）がその専門科学領域（木）との関係において後者の立場から体育学研究の分化と親科学への傾倒を招いたことと同じことがあってはならない．すなわち，体育科教育学が運動学や体育心理学，あるいは運動生理学やバイオメカニクス等の隣接諸科学による研究成果を生み出すための，単なる対象や道具にならないようにすることが大切である．そのような隣接諸科学の研究的アプローチを体育科教育学の，まさに「隣接」諸科学として扱うためには，体育科教育学の研究目的とその性格や必要性について，俯瞰的・総合的な「森（全体）」としての見方や考え方が常に求められるであろう．

　そのためには，人類史から見た根源的な学び（学習）の意味や意義を新しい社会にあわせて組み換えていく体育科教育学の学的想像力（イマジネーション）が試される．そこでの体育学習は，少なくとも小学校入学から高等学校卒業時まで全体教科の授業に1万4千時間にも及ぶ時間が費されているにもかかわらず，この膨大な授業時間を過ごした学習者の記憶が曖昧なままにとどまるような学習であってはならない．体育科教育学研究における隣接諸科学の応用は，まずもって未来社会における体育学習の存在論の内実を論証することに向けられなければならないであろう．

（菊 幸一）

文献

1) 松下良平（2019）思想なきアクティブラーニングを転換する．体育科教育，67(11)：13-17.
2) 竹之下休蔵（1972）プレイ・スポーツ・体育論．大修館書店：東京．

第5章

体育科教育学の研究課題

1 ─ 体育科教育学の研究領域

　1978年に体育科教育学専門分科会が設立されているが，よりよい授業の構築に向けて，「その背景には，生涯スポーツの基礎を培う『学校体育』を研究対象とする体育科教育学構築の必要性があった」(後藤，2014) とされている．2019年の日本体育学会・体育科教育学専門領域の研究発表区分 (綱目) では，「カリキュラム論」「教授・学習指導論」「体育教師教育論」「科学論，研究方法論」の綱と「幼稚園」「小学校」「中学校」「高等学校」「大学」「現職教育」の目に分類されている．

　日本体育科教育学会は，「体育授業を中心とした学校体育実践の改善を目的とする」(高橋，2006) 分野であるという性格を表すように，大学の体育科教育学研究者をはじめ，小学校，中学校，高等学校の教員，教育委員会関係者等，多様な会員により構成されている特徴がある．こうした多様な立場の会員で構成される体育科教育学の研究課題を検討する上で，2012年日本体育科教育学会シンポジウム「『体育科教育学』の学問的成果と課題」における大友 (2012) の報告が最新の整理がなされている資料と考えられるので，引用参考としたい．

　大友は，体育科教育の研究領域について，大森 (1979) の体育科教育学の課題と方法を示し，大森が整理した体育科教育とは何かといった事実についての「基礎的研究」，体育科教育はどうあるべきかといった理論についての「体育科教育論」，体育科教育をどう行うかといった実践についての「実践的研究」という三層を示した上で，「旧来の教授学は，教育全体の理論から演繹される授業論であったのに対し，現代の授業研究は，授業の事実から出発し，経験的・帰納的な方法による言及であるということになる」(大友，2012) と述べている．

　こうした，学校現場で起きているさまざまな実践や課題との連関を軸とした体育科教育の研究のパラダイム転換によって，体育科教育学の概念を構築，立証する重要性を示唆したことが，日本体育学会において，体育科教育学専門分科会設立に向けた起点と特徴を表す概念を示しているともいえる．

　高橋 (1992) は，これまでの国内の体育科教育についての研究および諸外国の体育科教育の研究動向を踏まえ，体育科教育学の研究領域の層を示している (図1)．

　特に，高橋の視点は，学校現場における教育実践を重視し研究を進めるスタイルで，研究と実践を往還する体育科教育のあり方に重要な示唆を与え，現在の体育科教育へつながる研究の道筋を示したものといえる．

　本報告で，大友は，体育科教育学専門領域一般研究発表コード表の2006年までの分類から2007

体育科教育の実践的研究（授業研究）	教授―学習過程の実践を対象として，事実を記述・分析したり，仮説の検証を行なったりする研究	• 記述・分析研究 • プロセス―プロダクト研究 • アクション・リサーチ • 多次元的方法による研究

仮説の提示 ↑　↓ 仮説の検証

体育科教育の実践のための理論的研究	教授―学習過程の計画のための研究	• 体育科の本質論 • 目的・目標論 • 内容論（教材論） • カリキュラム論 • 方法論 • 評価論 • 学習環境論

事実の提示 ↑　↓ 事実分析の視点

体育科教育の基礎的研究	教授―学習過程の前提条件に関する基礎的研究 体育科教育学のメタ理論的研究	• 教師論 • 学習者論（発達論） • 体育科教育史 • 比較体育科教育学 • 体育課教育の政策・制度論 • 体育課教育を対象とする体育の諸科学的研究 • 体育課教育学の科学理論・方法論

図1　高橋による体育科教育学の研究領域の層（高橋，1992, p.22）

年に改正されたプロセスを説明する中で，例えば，国際的に体育科教育学の研究動向であるSilverman & Ennis (1996) の下位研究領域との整合性が図られてきたこと，授業研究，教師教育およびカリキュラムの一般的な研究方法 (Silverman, 1996) を紹介しながら，質的研究，量的研究の両面から体育科教育のアプローチがなされるべきであることを指摘している．体育科教育が諸外国の研究成果を取り入れながら，近年の研究が発展してきたことがうかがえる．

2―『体育科教育学研究』に見る研究課題の動向

（1）一般研究発表コード表に見る研究課題の動向

今日の体育科教育の研究課題を検討する上で，日本体育科教育学会の機関誌である『体育科教育学研究』の最近12年間（2009～2020年度）の投稿論文，シンポジウム，課題研究，ラウンドテーブルにおける178件の研究課題のキーワードについて分類を試みた．日本体育学会・体育科教育学専門領域の一般研究発表コード表に照らし合わせてみると，「カリキュラム論」69件，「教授・学習指導論」65件，「体育教師教育論」28件，「科学論，研究方法論」16件であった．

「カリキュラム論」では，学習指導要領改訂との関連，保健体育科の内容，教材開発，および判定指標の検討や学習評価に関するものが多く，「教授・学習指導論」では，特定領域のアプローチ法，学習者の変容，教授技術に関する研究，運動部活動指導，海外の体育科教育で見られる教授法等が見られた．「体育教師教育論」では，大学教員養成段階での研究と現職教員についての研究に大別

された.「科学論,研究方法論」では,運動学,スポーツ心理学,スポーツ社会学,バイオメカニクス等,他の研究領域からのアプローチ等が見られた.

また,校種の分類では,「幼稚園」0件,「小学校」30件,「中学校」11件,「高等学校」6件,「大学」14件,「現職教育」14件であり,小学校および大学,現職教育に焦点を当てた研究が多く高等学校の研究は少なかった.

(2)キーワードの再分類に見る研究課題の動向

①学習指導要領を拠り所とする体育授業の充実やあり方に関する視点

体育授業は,教科に位置づけられ,教育基本法の目標の実現に向けた位置づけとなる.そのため,教科としての「学習指導要領を拠り所とする体育授業の充実やあり方」の視点での研究課題の頻度を見てみると,「学習指導要領そのものの内容検討について」6件,「カリキュラム・マネジメント」8件,「教科内容」17件,「単元計画」2件,「教材研究」7件,「教材開発」11件,「学習評価および判定指標開発」22件,「指導方法」23件,「生徒の成果」1件であった.近年では,特に「何が身についたのか,何を教えるのか」といったテーマへ対応した研究が進められている傾向が見られる.

②領域および指導内容の視点

どのような領域や内容の研究課題が取り上げられているのかという視点から傾向を見ると,領域をテーマとした課題70件のうち,「体つくり運動系」5件,「器械運動系」8件,「陸上競技系」21件,「水泳系」6件,「ボール運動・球技系」5件,「武道」8件,「表現運動・ダンス」6件,「体育理論」1件,「保健との関連」3件であり,指導内容に着目した課題51件のうち,「知識」2件,「技能」37件,「態度」6件,「思考力・判断力・表現力等」6件であった.領域で見ると,「陸上競技系」を取り上げたものが3割であり,指導内容で見ると「技能」を取り上げたものが約7割であった.「知識」では,認識という視点で技能との関連の知識で取り上げられており,体育の指導内容としての「態度(学びに向かう力,人間性等)」や「思考力,判断力,表現力等」に焦点を当てた研究は少ない傾向が見られる.研究としての成果を明確化しやすいクローズド・スキル系の領域および技能の成果公表は進んでいるが,成果の指標化や証明が比較的難しい態度や思考・判断に焦点を当てた研究の公表が期待される.

③授業を支える教師教育および科学的理論から見た検討の視点

教師教育では,教員養成に関する研究課題と現職教員の資質向上に関する研究が80件のうち,「大学における教員養成」13件,「現職教員の職能形成や校内研修」12件,「教師間,指導主事,大学等のネットワーク構築」3件,「教員研修」3件,「教師の指導観やライフヒストリー研究」10件,「指導モデルやスタイル」9件,「体育科教育の可能性」16件,「学術的知見から見た体育科教育への応用」14件であった.「体育科教育の可能性」に分類したものには,「21世紀型能力」「アクティブ・ラーニング」「非言語コミュニケーション」等の教育全体との関連を示す研究が見られた.「学術的知見から見た体育科教育への応用」に分類したものには,体育史,運動学,体育方法学,バイオメカニクス,体育哲学,体育社会学,スポーツ心理学等の視点からのアプローチが見られた.

3—2009〜2020年度の研究課題の傾向から見た課題

　体育科教育の研究課題を明らかにする上で，2009〜2020年の研究課題から，次のような傾向がうかがえる．

　「カリキュラム論」における特定領域の指導内容の実現に迫る教材の開発や学習課題を解決するための教具の開発やその有効性等の「実践的研究」と，「教授・学習指導論」に見られる，授業の基盤となる汎用性の高い指導モデル等の有効性を明らかにする指導方法に関する視点での研究とでは，具体的な授業を取り上げるという点で重複が起きやすい．高橋（1992）が指摘するように，記述・分析的研究やアクションリサーチのような授業の改善等に資するより具体的な研究（いわゆる授業研究）と学習指導要領の構造，目的，内容等のあり方等についての理論的研究を別階層として再定義することで研究課題の整理につながることも考えられる．他方で，内容論（内容構成をどのようにするのか，何を教えるのか）の研究と方法論（どのように教えるのか）の研究とを分けて分類することも研究課題の発見につながりやすいと考えられる．

　「体育教師教育」は，大学教員養成における教師前教育では，体育教師教育における教員養成スタンダード等の学年別カリキュラムの構築，教科にかかわらず求められる基本的教授技術や体育授業に求められる健康・安全等のマネジメント，模擬授業等の実践的指導力育成のための授業方法やリフレクションのためのICT活用に関する研究等が考えられる．また，現職教員教育（職能形成）に関しては，「学び続ける教師像」を体育教師に保証するための経年別の研修内容，校内における教

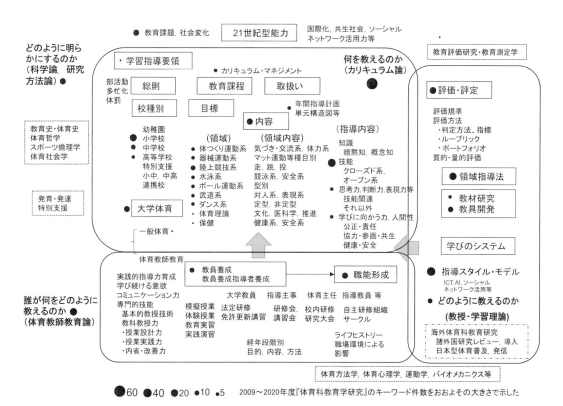

図2　体育科教育学の研究フィールド・マップ（2020）

師間研修，体育科教育についてのさまざまな情報を共有するネットワークやSNS等の活用，ICT教育機器等の導入，研修会の運営方法や研修教材の開発，ライフヒストリー研究等が考えられる．

「科学論，研究方法論」では，哲学，運動学，心理学等の他の研究領域の成果を体育科教育に応用，活用する研究，体育科教育学を規定する研究，体育科教育学の研究に資する効果を明らかにする手法や尺度の開発等の研究の視点があると考えられる．

以上の課題を参考として，今後の体育科教育学の研究課題を推察するため，フィールドマップの作成を試みた（図2）．

本図の作成に当たって，●で2009〜2020年度の研究テーマの頻度を示した．本図では，研究課題を探る上で，学習指導要領を中核とした体育で「何を教えるのか」を中核的テーマとして方法論を除き配置した．この整理では，「小学校」「陸上競技系」「技能」に焦点を当てた研究の多さが浮き彫りとなった．「何を教えるのか」に関する研究フィールドでは，学習指導要領の構造や内容妥当性等の着眼点，幼稚園，特別支援校，大学一般体育等の分野においての研究例は極めて少ない．領域で見ると，平成20年の中学校における武道，ダンス等を含む全領域の必修化の流れを受けてこの領域に関する課題設定がやや多く見られた．領域の内容では，本図では簡略化して示しているので，学習指導要領の領域の内容と一致していないが，例えば，球技であればゴール型，ネット型，ベースボール型の型としての共通の指導内容研究や教材としての運動種目間の比較研究の進展が求められる．特に指導内容で見ると，「技能」の習得や評価指標の開発等の研究は見られるが，「思考力，判断力，表現力等」，「学びに向かう力，人間性等」の指導内容に着目した内容論の研究が望まれる．

授業づくりのプロセスを目標，内容，方法，評価とするならば，授業研究に資する情報として，「どのように教えるのか」という方法論の視点で整理したフィールドが右側となる．汎用性のある指導スタイルや学びのシステムの研究，どのように指導し，効果的な成果を上げるかといった教材や教具の研究は最も学校現場が欲している情報の1つであり，教材の開発原理を明らかにする研究から，特定の領域の内容実現に向けた教材開発までをここに示した．授業方法の充実という視点から見ると，ICTの活用可能性については，動作比較等の活用は見られるが，それ以外の活用法も含めた研究が期待されよう．評価では，学習評価に関する研究をはじめとして，教材評価，授業評価や技能以外の指導内容の成果をどのように測定するのかといった発達段階に応じた尺度開発等の研究は，余地があると考えられる．特に，公立の学校現場を研究対象とする場合，倫理上，統制群を設定することが困難なケースが多い．授業の進行を阻害せず，研究成果をどのように測定するのかといった量的・質的な研究の視点からの研究も重要といえるであろう．

図の下に配置した体育教師教育は，大学はもちろんではあるが，学び続ける教師像を体育科教育学として支えていく上で，現職教員も含めた経年別教育として捉えていく必要があろう．研修機会は，法律で定められた研究から自主的なサークルや校内研修までさまざまあり，経年者に応じた教育内容，方法，評価を確立する研究が待たれる．また，他教科の研究成果との比較や導入の試みによって，体育科教育の教育全体への教育効果を明らかにする研究や教員養成の指導者である大学教員，指導主事等の資質向上にかかる指導者プログラムを構築する研究等は，体育科教育の発展に資するものと考えられる．

2020年当初から世界的流行となった新型コロナウイルス感染症（COVID-19）によって新しい生活様式下における体育科教育のあり方についても当面の関心事と考えられる．保健学習との関連，ウェブやICTの有効活用，学校休業が及ぼす心身への影響と体育科教育との関連等新たな研究の視点も今後の研究課題となるであろう．

4—まとめ

　体育科教育の研究課題を整理する上で，要素の分類を行ったが，これらの複合的な組み合わせで研究課題は生み出されている．例えば，体育方法学の視点から，ある領域の指導内容の効果的な指導法を開発するといったように，分類上，指導法に重点があるが，他領域の研究成果をもとに，内容に対して，どのような方法を用いるのか，それをどのように証明（評価）するのかといった組み合わせである．量的研究とともに質的研究を組み合わせる等によって，特に研究成果の少ない研究課題に着目してみることも体育科教育学全体の発展に寄与するものと考えられる．

（佐藤 豊）

文献

1）　後藤幸弘（2014）日本体育学会　体育・スポーツ科学情報コラム．
2）　近藤智靖（2018）日本体育学会　体育・スポーツ科学情報コラム．
3）　日本体育科教育学会，体育科教育学研究24巻（2009）～36巻（2020）．https://www.jstage.jst.go.jp/browse/jsppe/list/-char/ja（参照日2020年12月19日）．
4）　大森正（1979）体育科教育学の課題と方法．体育科教育学研究，1：1-12．
5）　大友智（2012）シンポジウム報告　体育科教育学の立場からみた体育の授業研究の成果と課題—学習者行動研究の観点から—．体育科教育学研究，28(2)：37-45．
6）　Silverman, S. J. (1996) How and why we do research.Silverman, S. and Ennis, C. (Eds.) Student learning inphysical education: applying research to enhance instruction. Human Kinetics. pp.35-51.
7）　高橋健夫（1992）体育授業研究の方法に関する論議．スポーツ教育学研，20（特別号）：19-31．

第6章

体育科教育の研究対象

1—研究対象をどのように捉えるか

　本章では体育授業の研究対象について概説する．特にここでは，体育実技を取り上げる．我が国の小学校・中学校および高等学校の教育課程には，各教科の1つとして体育科・保健体育科があり，国語，社会などの各教科等によって編成するものとする（学校教育法施行規則第五十条，七十二条，第八十三条）ことが示されている．

　一般的に，研究対象としての体育の授業を考えるとき，体育授業は指導内容，指導方法，教師行動や子ども（学習者行動），教材・教具といったもので構成される．また，どのような視点で体育授業を捉えるのかによっても，例えば，体育授業の構造（しくみ）に着目するのか，あるいは機能（働き）に着目するのかによっても，体育授業の構成の捉え方は変わってくるであろう．しかし，ここでは体育授業を構成するものを上記のように措定することとする．

2—体育の授業における研究対象とは

　まずは，体育の授業の構成要素から研究対象を考えてみたい．これまでの研究に照らしていえば，授業の構成要素として，主に「指導内容（学習内容）」「指導方法」「教師」「子ども（学習者）」「教材・教具（学習の場など）」といったものが取り上げられてきた．これらは，大きくは3つの側面として捉えることができよう．すなわち，1つめに「子ども（学習者）」「教師」，2つめに「教材」「教具」「学習の場」，3つめに「指導内容（学習内容）」「指導方法」である．このような立場から研究対象として考えられるものには，次のものを挙げることができよう．

(1)研究対象としての人的な側面について

　体育の授業で人的な側面として挙げられるものには，子どもと教師がある．

①子ども（学習者）

　例えば，内容のまとまりとしての運動を5時間完了で指導（学習）したときに，子どもの技能，対

人関係，認知・認識などがどのように変化したかを見るといったことが，子ども（学習者）を対象とした研究の1つとして考えられよう．子どもを研究の対象とした場合，校種，学年を設定し，協力の得られる相手を検討しなくてはならない．データ収集として，何を，どのくらい行うのかについて説明と同意が必要になる．研究対象としての集団，からだ，こころ，集団や組織の状態にかかわることなどの情報収集の対象を説明する．また，情報収集の方法（質問紙，ビデオ収録など），期間，回数など，協力者にかかる負担について説明し，了解を取る．同意を得るには，所属長，授業担当教諭，本人または保護者等に了解を得なければならない．

これら情報収集の対象としては，コミュニケーションに関わる社会性，対人関係，相互作用，フィードバック，フィードバックの質など，学習方法に関わる身体活動，話し合い活動，ペア活動，課題解決的学習，学習過程など，育成する能力に関わる認知・認識，意思決定，行動化などを挙げることができる．

②教師

例えば，体育の授業を実施する教師の熟練度や教授技術などの違いと授業成果を見る場合，教職に就いてからの経験年数，研究対象とした単元に対する教師自身の経験や準備状態などの基礎情報を把握しなければならない．

体育の授業で教師行動の対象は，コミュニケーション（通信），教師と子どもの相互作用，フィードバック，フィードバックの質など，指導方法に関わるグループ学習，共同学習，課題解決学習などを挙げることができる．

(2) 研究対象としての物的な側面について

体育の授業で物的な側面として挙げられるものには，教材，教具，学習の場がある．

①教材,教具など

例えば，体育の授業成果を見る場合，身体活動の目的に必要な運動，それに関わる教材，教具といったものを把握しなければならない．教材，教具の対象は，種類，質，素材などを挙げることができる．

②学習の場など

例えば，学習の場は，教材や教具のレイアウト，それぞれの教具の距離，位置関係など，それぞれの条件，順序などを挙げることができる．

(3) 研究対象としての内容的な側面について

体育の授業で内容的な側面として挙げられるものには，学習指導要領，年間計画がある．

①学習指導要領

例えば，体育の授業とその内容で授業成果を見る場合，取り上げた授業が学習指導要領のどこに内容として位置づいているのかを把握しなければならない．

学習指導要領は，教育課程の基準としての定め（学校教育法施行規則第五十二条，七十九条，第百四十条）

表1　学術研究誌に掲載された体育科教育関連の主な原著論文（2009～2019年）

No.	論文タイトル・発行年	校種・学年	論文概要
1	中学校段階の体ほぐしの運動における学習者の概念形成―ふきだし法による自由記述とインタビューの分析を通して―・2015	中学校・第1学年 37名	体ほぐしの運動の体育授業（5時間完了）において，学習者が何を認知し，どのような概念を形成するのかについて，オープンエンドの質問紙による自由記述の回答，インタビュー法等によって得られた記述や陳述をその内容ごとに解釈し，カテゴリー化を行い検討.
2	小学校中学年の体育授業における「かけっこ」の学習指導に関する研究：体幹の動作に着目して・2018	小学校・第4学年 39名	「かけっこ」の体育授業（8時間完了）において，体幹の動作が変容するかどうか，体幹の動作と疾走タイムの関係について観察的評価基準等を用いて明らかにした.
3	小学校高学年の体育授業における短距離走の学習指導プログラムの効果・2016	小学校・第6学年 34名	陸上運動・短距離走の体育授業（8時間完了）において，中間疾走を中心に合理的な疾走動作を習得させ，技能の向上を図るための学習指導プログラムを作成し，その効果について検証した.
4	楽に3歩で走るインターバル条件でのハードル授業・2013	小学校・第4学年 58名	ハードル走の体育授業（4時間完了）において，楽に3歩で疾走することができるインターバル，ハードル走の記録にどのように変化が見られたかを検討.
5	走り高跳び（はさみ跳び）の目標記録への到達率からみた教科内容構成の検討：観察的評価基準の作成と小学校高学年を対象とした縦断的実践・2010	小学校・第5学年51名，第6学年50名（縦断）	走り高跳びの体育授業（第5学年4時間完了，第6学年5時間完了）において，2年間にわたる走り高跳びの授業実践における児童らのはさみ跳びの動作を縦断的に分析・評価することによって，小学校高学年段階における走り高跳びの目標記録への到達率に対する貢献度から見た教科内容の構成を検討した.
6	小学校高学年の走り幅跳び授業における指導内容の検討―リズムアップ助走に着目した教材を通して―・2012	小学校・第5学年 171名	陸上運動・走り幅跳びの体育授業（6時間完了）において，走り幅跳びの助走局面に着目した教材を開発し，開発した教材の有効性について5項目・5段階からなる観察的評価基準を作成し，体育授業を通して明らかにし，小学校高学年の走り幅跳び授業における指導内容を検討.
7	体育授業における「学習の勢い」を生み出す指導方略及び指導技術の妥当性の検証―小学校高学年「ゴール型」ボール運動の介入実験授業を通して―・2012	小学校・第5学年24名，第6学年62名	ゴール型（ハンドボール）の体育授業（8時間完了）において，「学習の勢い」を生み出す仮説的指導方略と指導技術を導入し，妥当性を検証した.
8	バスケットボール3対2アウトナンバーゲームにおいて学習した状況判断力の3対3イーブンナンバーゲームへの適用可能性：小学校高学年を対象とした体育授業におけるゲームパフォーマンスの分析を通して・2012	小学校・第5学年31名，第6学年31名	バスケットボールの体育授業（10時間完了）において，状況判断力の学習に有効とされる3対2アウトナンバーゲームを取り入れ，単元前後に3対3イーブンナンバーゲームを実施し，3対3ゲーム中の適切な状況判断の出現を検討. アウトナンバーゲームで学習したボール保持時の状況判断のイーブンナンバーゲームへの適用可能性について検討.
9	ゴール型ボール運動教材としてのスリーサークルボールの有効性の検討―ゲームパフォーマンスの分析を通して―・2013	小学校・第5学年 59名	ゴール型の体育授業（ハンドボール9時間完了）において，開発した「スリーサークルボール」が，ゲームパフォーマンスを向上させるタスクゲームとして有効であるかを検討した.
10	ゴール型に共通するサポートを学習するための教材の効果―中学校におけるバスケットボールとサッカーの授業実践を例に―・2013	中学校・第1学年77名，第2学年89名	ゴール型の体育授業（サッカー8時間完了，バスケットボール6時間完了）において，考案した教材が，異なるゴール型種目であっても，ゴール型に共通のボールを持たないサポートの動きの学習に有効であるかを検討した.
11	小学校中学年の体育授業におけるジグソーJPEの成果に関する研究：学習者同士の関わり合いを促すためのプレルボールを基にした易しいゲームの授業実践を通して・2018	小学校・第4学年 19名	プレルボールの体育授業（10時間完了）において，ジグソーJPE（Japan Physical Education）法を適用した学習者同士の関わり合いを促すための授業の検証を通し，その有効性を明らかにした.
12	中学校体育授業における素朴概念修正のための学習指導方略の検討：バレーボール単元におけるオーバーハンドパスを対象として・2012	中学校・第1学年 81名	バレーボールの体育授業（10時間完了）において，中学校1年生が学習前に持っている素朴概念を修正させるための学習指導方略として仲間学習を用い，それが素朴概念を変容させる可能性を検討.
13	中学生の体育授業を対象としたチームビルディング学習の開発とその有効性の検討・2016	中学校・第3学年26名，第2学年89名，第1学年72名	4つの単元の体育授業（8時間完了を基本）において，開発した教授方略としてのチームビルディング学習を導入し，有効性を検証.
14	中学校の体育授業におけるTPSRモデルの効果の転移及び保持に関する検討・2016	中学校・第1学年67名，第2学年40名	複数の単元の体育授業（最低6時間～最大14時間完了）において，TSPR（Teaching Personal and Social Responsibility）モデルが体育授業における効果を転移させ，日常場面における社会的スキルを習得させるかどうか，および，その日常場面における社会的スキルの保持を促進させるかどうかを検証した.

研究対象の特徴	研究対象の分類(**太字**は本文で 扱った研究対象を表している)
体ほぐしの運動で質問紙をもとに形成された概念を検討. 身体性,共同での達成や問題解決に対する工夫,交流·他者を明らかにした.	**子ども**(学習者)〈学習者の技術認識の変容〉
「かけっこ」で体幹の動作について検討. 技能群によって体幹の動作得点の向上を見出す. 高学年以降の「短距離走」の授業において脚筋力を生かした疾走が可能になると考えられることに言及.	**子ども**(学習者)〈学習者の技術認識の変容〉
短距離走で学習指導プログラムの効果を検証. 下肢動作を中心に疾走動作が有意に改善され,教材は児童の短距離走技能を向上させる上で有効であったことを明らかにした.	**教材·教具**〈教材開発研究〉
ハードル走で単元前後の走り方と記録の変化を検討. インターバルは平均で4.64mであり,長いインターバルを「無理に3歩」で走らなくても記録の向上につながることを明らかにした.	**教材·教具**〈教材開発研究〉
走り高跳び(はさみ跳び)の体育授業を2年間にわたり検討. 体育授業の,はさみ跳びの技術を明らかにした. また,助走と踏切を関連させた技術を教科内容に位置付けることが一層望ましいことについて言及.	**指導内容(学習内容)**〈教科内容研究〉
走り幅跳びで助走局面に着目した教材について検討. 「リズムアップ幅跳び」は,小学校高学年における走り幅跳びの教材として有効であること,自己に合った歩数とそれに適した助走距離の指導を行うことを明らかにした.	教材·教具〈教材開発研究〉＋**指導内容(学習内容)**
ハンドボールで「学習の勢い」を生み出すマネジメントを削減するための指導方略と指導技術,インストラクション,豊富な学習従事量を生み出すための指導方略と指導技術について例証した.	**教師**＋**指導内容(学習内容)**
バスケットボールでゲームの適用可能性を検討. アウトナンバーゲームの実施により,ゲーム中の状況判断力が向上し,イーブンナンバーゲームにおいてもボール保持時の適切な状況判断が向上することを明らかにした.	**教材·教具**〈教材研究〉
ハンドボールで「スリーサークルボール」の有効性を検討. 得点数,パス·キャッチ成功率,サポート適切率,動いてのサポート率(サポートの質)において有意に向上することを明らかにした.	**教材·教具**〈教材開発研究〉
サッカーとバスケットボールの授業実践を例に検討. 「ボール無ゲーム」を導入した授業はサポートの成功率が向上し,サポートの質も向上していたことを明らかにした.	**教材·教具**〈教材研究〉＋**子ども**(学習者)〈学習者の社会認識の変容〉
プレルボールの体育授業実践でジグソーJPEの検証. 小学校中学年の学習者の場合にも十分にジグソー法を適用した体育授業は展開でき,そこでの学習者同士の関わり合いの促進という成果も得られることを明らかにした.	**教材·教具**〈教材研究〉＋**子ども**(学習者)〈学習者の社会認識の変容〉
バレーボールで素朴概念について検討. 素朴概念を修正する学習指導方略として,観点を限定した観察,観察結果を人に伝えることを含むパートナーとの教え合いが含まれる仲間学習を活用することを明らかにした.	**子ども**(学習者)〈技術認識の変容〉
体育授業(球技,陸上競技)で教授方略としてのチームビルディング学習を用いて検討. 集団的,協力的な関わり活動,体育授業以外の日常場面で活用できる社会的スキルについての意識を向上させたことを明らかにした.	**教材·教具**〈教材研究〉＋**子ども**(学習者)〈学習者の社会認識の変容〉
体育授業において,ほぼ1年間をかけてTSPRモデルの検証. 体育授業以外の日常場面における社会的スキルを習得させたこと,他方,その社会的スキルの保持を促さなかったことを明らかにした.	**子ども**(学習者)〈学習者の社会認識の変容〉

がある．また，内容を示した学習指導要領には，体育科・保健体育科固有の学習対象になるものと，他の教科・領域等とも共通する学習方法になるものとが混在して示されていることに注意が必要である．

これには，学習指導要領およびその解説，それらに研究対象とする内容が位置づいている校種，学年，領域等を挙げることができる．

②年間計画

例えば，体育の授業を1単位時間ではなく，単元や年間を対象として授業成果を見る場合，単元計画や年間計画を把握しなければならない．

これには，指導と評価の計画，単元計画，年間計画など，カリキュラム・マネジメント，PDCAサイクルなど，それぞれの関連性を示す計画などを挙げることができる．

3―研究論文を書くために

研究対象を定める1つの方法として，体育科教育関連の学術誌に掲載されている原著論文を熟読することを挙げておきたい．公表されている原著論文の，学年，人数，領域（単元）などについて，例えば先述したような人的，内容的，物的の側面で読み取ることである（表1）．研究論文は，自らが取り組みたい研究で，研究対象として取り上げる可能性の高いものを選び，研究設計をする際の参考とされたい．

ちなみに，体育の授業にかかる研究方法を検討する場合は，体育科教育以外の研究論文も参考にするとよいであろう．教育学，行動科学などの関連領域で，自分が読みこなせる範囲のものを選択する．論文や文献に示されている研究対象が何か，研究では，何が，どのくらい明らかになっているのか，どんな分析方法を用いているのかといったことを読み取るようにする．

4―体育科教育関連の原著論文の研究対象

先に示した表1は，体育科教育関連の論文についてのものである．これは，関連学会誌の『体育科教育学研究』，『スポーツ教育学研究』，『体育学研究』の過去11年間（2009～2019年）に掲載された，体育の授業に関する原著論文14編のタイトル・発行年，校種・学年・人数，論文概要，研究対象の特徴をまとめている．なお，関連学会誌掲載の論文のうち，体育の授業を直接的に対象とはしていない質問紙調査，教師調査などにかかるものは含まれていないことに注意されたい．

14編の論文は，小学校9編，中学校5編となっている．運動領域を1つに絞っているものが12編，複数の運動領域にしているものが2編となっている．また，どの論文も子ども（学習者）の学習状況，教科内容，指導プログラム等を関連させて研究設計がなされている．

（今関豊一）

第**2**部

体育科教育学の研究方法

第1章　理論研究とその方法 ……………………………………………石田智巳
第2章　量的研究とその方法 ……………………………………………吉永武史
第3章　量的研究とその方法 ……………………………………………荻原朋子
第4章　複合的研究とその方法 …………………………………………細越淳二
第5章　学位論文の研究とその方法……………………………………近藤智靖
第6章　現職教育における研究とその方法 …………………………内田雄三
第7章　研究としての質保証と配慮事項 ……………………………… 大友 智

第2部のねらい

体育科教育学の研究対象に迫るにはどのようなアプローチが有効だろうか．ここでは，体育科教育学研究で主として用いられる「理論研究」「量的研究」「質的研究」「（量的研究と質的研究の）複合的研究」といった研究方法の基礎的知識及び研究の質を保証するポイントについての理解を目指す．また，学位論文研究や現職教員研究のそれぞれの立場での研究の進め方について理解する．

第1章

理論研究とその方法

1 ── 作文,レポートと論文の違い

　作文や感想文では,自分を主語にして見たことや思ったことを生き生きと語るところに価値を見出せる.しかしながら,レポートや論文などでは,それとは違う書き方を選択しなければならない.ブルーナー (1998) は,一人称の語りである「ナラティヴ・モード」と,論文で使われる「パラダイム・モード」(あるいは「論理─科学モード」) を区別している.

　では,ともにパラダイム・モードで書かれる論文とレポートの違いは何であろうか.一般に大学で課されるレポートは,その講義の内容と関連するため,テーマや方向性が教員によって指定されている.なかには,文献も指定されている場合がある.それゆえ,レポートの場合,与えられたテーマに関わる (与えられた) 文献をまとめるという調べ学習的な作業が中心になる.それに対して論文では,研究上の問い (リサーチ・クエスチョン) を自分で立てることになる.この問いは,誰かが明らかにしている問いではなく,まだ誰も明らかにしていない問いである必要がある.そのために,自らの関心のある領域の文献を読み込んで,まだ解かれていない問いを見つけることが最初の作業になる.すなわち,文献の収集と整理が必要になるのである.やや矛盾をはらむような言い方になるが,「まだ解かれていない」のだから,先行研究がないということではなくて,先行研究で解かれていない問いを探すために文献の収集と整理を行うのである.

　後述するように,Google Scholarという論文検索サイトのトップページには,「巨人の肩の上に立つ」と書かれている.これは,先人の業績や先行研究を巨人にたとえて,現在の知見は巨人の上に構築されており,これから研究を行うのであれば,それら先行研究を押さえなければならないことを述べているのである.先行研究を調べるということは,その領域における現在の到達点と課題を知ることであり,それゆえできるだけ網羅的に論文にあたることが必要になるのである.

2 ── 情報の収集

　インターネットが普及した現在は,かつてとは文献収集の方法は大きく変わることとなった.かつては,図書館で本や雑誌にあたるか,学術論文であればその学会に属している先生に借りるなど,現物を手に入れて,コピーするところから始まっていた.今では,関連するキーワードを入れてネッ

ト上で検索すると，ある程度の文献を手に入れることができる．GoogleやYahoo!などの検索サイトで検索しても，論文そのものにあたることもある（言葉の解説にとどまることもある）．国内の学術的な論文を検索する際には，国立情報学研究所（NII）が管理，提供しているCiNiiや，Google Scholarが役に立つ．

　体育科教育学の研究論文は，主として『体育学研究』『スポーツ教育学研究』『体育科教育学研究』『日本教科教育学会誌』などに掲載されているが，これらはJ-Stageというサイトで検索することができる．ただし，『体育科教育学研究』は2003年以降のものに限り，『日本教科教育学会誌』は番号とパスワードでのサインインが必要になる．他にも，大学の紀要も参照項となり得るし，それぞれの研究機関のリポジトリなどに公開されていることが多い．紀要は査読がない場合があるので，学会誌に掲載される学術論文を優先してあたりたい．

　また，海外の論文を探したい場合，所属する大学図書館のデータベースから，EBSCOhostという情報サービスへアクセスすることで可能になる．これは自宅のPCにおいても接続可能となるが，VPN接続が必要となるので，これらについては，所属校の図書館に問い合わせるのが早いと思われる．EBSCOhostには，SPORTDiscus™ with Full Textというサイトがあり，ここから論文にアクセスすることができる．このSPORTDiscus™ with Full Textを利用した文献収集の例としては，四方田健二ほか（2015）を挙げておくので，文献の選択方法を含めて参照されたい．

3 ── 先行研究の整理や検討の方法

　以上のように，学術論文を手に入れることは必要になるのだが，先行研究の整理のためには，書籍にあたることも1つの方法である．興味のある領域の研究はどのように始まって，現在はどこまで進んでいるのかを概説している本である．研究者が書いている学術的な専門書や，体育科教育学の理論的知見を集めた書籍である．後者は，1997年に竹田・高橋・岡出編著『体育科教育学の探究』（大修館書店）が出され，新しいところでは，本学会編の『新版 体育科教育学の現在』（創文企画，2015）や本書などがある．

　岩田昌太郎（2017）は，日本教科教育学会が出版した『教科教育学研究ハンドブック』（教育出版）において，「教師教育研究」について概説している．この教師教育研究には，「教員養成に焦点化した研究」と「現職教育に焦点化した研究」があり，前者には「教師の力量形成」と「省察（リフレクション）」の2つの側面があるという．さらに，「教師の力量形成」のキーワードは，「実践的指導力」「職能成長」「教師の授業観や知識」が挙げられるとする（p.155）．このように，1つの領域には，さまざまな側面やキーワードが階層化されて存在している．そのため，研究の全体像や到達点を把握するのには，このような書籍は優れている．しかしながら，本の難点はなかなかアップデートされないため，情報が古くなりやすいことである．さらに，近年では学術雑誌に投稿した論文や博士論文をまとめて本を出版する場合が増えてきたが，かつては，そして今も，学術雑誌に投稿していないで専門的な本を出版するという流れが見られる．後者の場合，そこに書かれている内容が，学術論文のように一定の手続きを経た知見なのか，その著者の経験から書かれた主張なのかを見極める必要がある．いずれにしても，それらもまた先行研究であるので，批判的に検討される対象となるのである．

　以上のような書籍で研究領域の概要を把握したとしても，最新の文献（学術論文）を入手して，論

文そのものや，先行研究を検討している箇所を読むことも必要になる．ところで，これら書籍や，最新の論文に採用されている先行研究は，その著者が収集した文献（一次資料）であるが，その先行研究の検討（レビュー）そのものは，著者の解釈が加わるため二次資料となる．そのため，論文を書く場合には，一次資料である文献を収集して読んで自分なりにレビューする必要がある．というのも，研究で行われているレビューとは違う解釈が可能な場合もあるし，そもそも体育科教育の内外で行われた重要な研究を見落としている場合もあるからである．あるいは新たな文献が見つかることによって，新たな研究の展開が予感されることがあるからである．文献のレビューそのものが目的となっている総説論文を書く場合でなくても，基本的な文献は収集し，自ら批判的に検討することが望ましいであろう．それによって，どの論文にも登場する主要な研究（者）と新しいタイプの研究（者）の系譜をつかむことができるのである．そして，それぞれの研究には，ほとんどの場合，今後の課題が示されているため，それらも自らのリサーチ・クエスチョンを立てる際の参考になる．ただし，どの研究でもそうであるが，その解くべき問いが，体育科教育学の研究にとってどんな意味や価値があるのかが説得的に語られる必要がある．

　なお，先行研究の知見を利用する際に，それが誰の，どの文献の，どの頁に書かれているのかを明確に示す必要がある．これは，論文の最後に引用文献の一覧を提示する箇所があるが，そこに適切に記載すると同時に，本文中にもカギ括弧をつけて，「○○（2019, p.24）」などと表記することになる．これを怠ってあたかも自分の主張のように書いた場合，「剽窃」や「盗用」となるので注意が必要である．これについては，学会誌の「投稿の手引き」を参照されたい．さらには，ある論文の全体的な主張を読むことなく，あるいは文脈から切り離して，自分のいいたいことを補強するために引用を持ってくることのないようにしたい．

4 ── 事例の検討

　以上，先行研究の検討と整理の方法を紹介したが，そこからリサーチ・クエスチョンを立てて，その問題を解くために一定の研究方法を用いることになる．理論研究はその1つの方法である．理論研究の目的は，まだ解かれていない問題を解くための新しい理論やモデルの構築，既存の理論の修正を目指すことにある．研究における理論とは，広辞苑（1998）によれば，「科学において個々の事実や認識を統一的に説明し，予測することのできる普遍性をもつ体系的知識」のことである（p.2815）．体育科教育学は，基本的に経験可能な領域を対象とした経験科学であり，具体的な実験や観察，実践事例のデータを収集することを通して理論の構築が可能となる．文献調査を中心に研究を行う場合も，個々の事例や主張，理論などを批判的に検討することを通して，ある現象を記述・説明したり，予測したりできる理論を仮説的に構築することになる．そしてそれらは，さらなる文献研究や実践によって修正される可能性を持つのである．以下には，文献調査を中心にした事例をもとに考えていくことにしたい．

（1）検討事例1──実践と理論の関係

　まず取り上げる事例は，体育科教育学研究ではないが，佐藤学（2005）による「教育実践の歴史的研究」に見られる理論構築の方法である．佐藤は学位論文執筆のために，1890年代から1945

年までのアメリカにおける単元学習に関する事例（史料）を3000ほど集めたが，それらの実践の事実をどのようにして学術研究の対象として定位するのか，その方法を考案しなければならなかった．そのため，佐藤はソシュール言語学における「ランガージュ」「ラング」「パロール」の3つをモデルとして用いることにした．ソシュール言語学では，ランガージュは人間に備わる言語の潜在的能力であり，それがさまざまな社会においてさまざまなラング（国語，母語）とパロール（言語活動）を生み出す．これらを，佐藤は「教師や子どもの授業と学びの可能性」を「ランガージュ」と見立て，「カリキュラムや授業や学びのシステム」を「ラング」に，そして，「教師の授業と子どもの学びの活動」を「パロール」と比喩的に置く．

　佐藤（2005）の場合，このような構造主義的なモデルを援用して，史料で用いられている用語と構文の特徴で実践を4つに分類した．さらに，実践の時期区分を導入することによって，3000の実践を「4つの系譜の対立と葛藤と妥協の歴史として叙述する構想を立てることができ」，「それぞれの系譜に対応する教育学と教育政策の言説とも対応させて叙述」（p.244）したという．この場合，4つの系譜にまとめられることになる個々のモデル（ラング）が，諸実践（パロール）から帰納的に創り出され，さらに諸実践（パロール）を検討することによってモデル（ラング）がより精密になっていくのである．

　ここで重要なことは，佐藤が4つの系譜にまとめたということは，全ての教育実践をカバーするオールマイティーなモデルがあるとは考えていないということである．これについて，社会学者のマートン（1961）が「中範囲の理論」（p.3）を提唱しているように，妥当性の範囲を考えることも重要である．

　また，ここでいう個々のモデルを理論や言説と捉えるならば，それらには提案する個人の立場や属する集団などが反映されることになる．そのため，理論を分析して分類するということは，それらの背景をも分析することになる．さらに重要なことは，佐藤（2005）は，教育研究における歴史的アプローチを「できごとの実相を資料によって再現し，その意味をできごとの歴史的な連関のなかで開示する」ことだと述べ，「個々の教育実践の特質は，そのできごとを成立させている社会的文化的文脈において意味づけられる」（p.240）と述べていることである．そのため，自らの価値軸をも歴史に照らすことが求められるのであって，現在という時点から安易に過去の理論や実践を断罪してはならないのである．

(2)検討事例2——理論モデルの構築

　次に紹介するのは，モデルの構築を目指した研究である．

　森敏生（2007）は，自己創出性を観点にしたカリキュラム・マネジメント（CM）の概念モデルを仮説的に提案している．この目的のために，まずCMの歴史的な変遷と現在の位置が確認される．そして，学校経営という観点や，教育実践という観点における先行研究が批判的に検討され，成果と課題が提出される．次に，学習指導要領，教師の計画や子どもの経験などカリキュラム概念の多義性が検討される．さらに，自己創出性を観点とするため，「生態システムの全体的マネジメント」の考え方が検討される．そこから，学校教育に戻り，「開発・創造，設計・編成，調整・評価」という3つの機能と，「目的・目標，教科内容と教材，教授—学習活動」の3つの対象領域が取り出される．これらは，学習環境や条件の整備を土台として行われ，かつ他の教師たちとのさまざまな協同が必要になることが押さえられる．このような実践の内側に加えて，学習指導要領の改訂，新たな教育理論，社会の要求など外側からの要因が考慮される．これらさまざまなレベルで相互調整

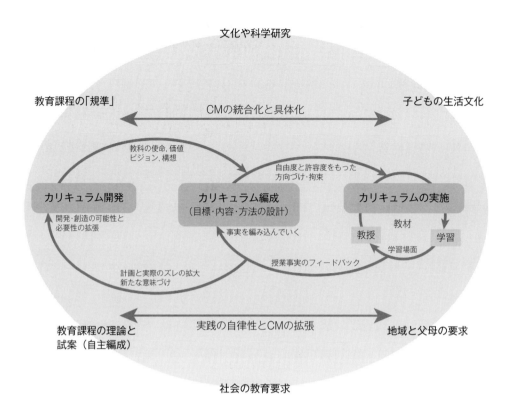

文化や科学研究

教育課程の「規準」　　　　　CMの統合化と具体化　　　　　子どもの生活文化

教科の使命, 価値
ビジョン, 構想

自由度と許容度をもった
方向づけ・拘束

カリキュラム開発　　　　カリキュラム編成　　　　カリキュラムの実施
　　　　　　　　　　　　（目標・内容・方法の設計）

開発・創造の可能性と
必要性の拡張

教材

教授　　　　　学習

事実を編み込んでいく

学習場面

授業事実のフィードバック

計画と実際のズレの拡大
新たな意味づけ

教育課程の理論と　　　　　実践の自律性とCMの拡張　　　　地域と父母の要求
試案（自主編成）

社会の教育要求

図1　自己創出性を観点としたCMモデル（森, 2007）

が行われながらCMが実現するモデル（図1）が提出される．

　このように，CMに関わって，カリキュラムそのもの，カリキュラムづくり，学校経営，条件や協同，生態システムなど，外的な条件に着目し，総合的な検討を経ることで，重層的なCMの自律的なサイクルが提案されているのである．

　なおこの研究では，教育実践に対して拘束力の強い学習指導要領の位置づけが，学校や教師のカリキュラムの開発，編成，実施にいたるサイクルの中で相対化されていく様子が描かれている．学習指導要領をそのまま子どもたちに当てはめることが即CMとなるのではないのである．

5──「厚い記述」を目指す

　以上，2つの事例を紹介したが，文献調査の方法はさまざまにあってよい．さらに，どの領域においても，その研究方法論は一枚岩ではない．例として歴史学を挙げてみたい（喜安ほか, 2012）．19世紀の歴史学は，史料を羅列することが目的であり，因果関係をつけることは控えめであったという．つまり，史料＝事実を問題とした．その後，史料による事実とその歴史家による解釈が問題とされた．さらには，歴史家は出来事のどの側面に焦点を当てているのか，どの視点から歴史を語るのかによっても，同じ出来事に違う評価を与えることになる．さらに今日では，「言語論的転回」

を経て，「語り」の側面が強調されるようにもなってきている．「語り」が強調されると，相対主義に陥ることに注意が必要であるが，少なくとも客観的な実証というのはあり得ず，常に制限されたものであることを自覚しておく必要がある．あるいは，自分の語り（記述）が，自分では気づかずに採用している思考の枠組みにしたがってなされていることも，たとえそこから逃れ得ないにしても，自覚的でありたい．

　このように研究方法は時代とともに変化するが，歴史研究でいえば，やはり史料をもとにした実証研究という方法が主流であることは間違いない．これらの点について，歴史家の喜安朗（2012）は，「史料そのものの中にどういう歴史的な時間の波動が働いているかを発見して，それを厚い記述にしていくことによって語りを作っていく」(p.73) と述べる．このことは，史料＝事実ではないにしても，「厚い記述」によって事実と境目がなくなることを表現している．文化人類学者のギアーツが，ギルバート・ライルの用語を用いて述べたこの「厚い記述」という考え方は，歴史学や人類学のみならず，どんな研究においても資料や言説とその多様な解釈可能性を探るという意味で重要になるのである．

（石田智巳）

文献

1)　ブルーナー(1998)可能世界の心理．みすず書房：東京，pp.18-20.
2)　岩田昌太郎(2017)教科教育の教師教育研究．日本教科教育学会編，教科教育学研究ハンドブック．教育出版：東京，pp.154-159.
3)　喜安朗・成田龍一・岩崎稔(2012)立ちすくむ歴史．せりか書房：東京．
4)　マートン(1961)社会理論と社会構造．みすず書房：東京．
5)　森敏生(2007)カリキュラムマネジメント概念の拡張と概念モデルの構成．森敏生（研究代表），体育科教育におけるカリキュラムマネジメントに関する研究，平成15年～17年度科学研究費補助金研究成果報告書，pp.15-29.
6)　佐藤学(2005)教育実践の歴史的研究．秋田喜代美ほか編，教育研究のメソドロジー．東京大学出版会：東京，pp.239-247.
7)　新村出編(1998)理論．広辞苑 第5版．岩波書店：東京．
8)　四方田健二ほか(2015)英文学術誌掲載論文における体育科教師教育研究の研究方法の動向—2002年-2011年の10年間を対象として—．体育学研究，60：283-301.

第2章

量的研究とその方法

1.量的研究とは何か

　教師がよい体育の授業を実践していくためには，安定した学習成果を保障することができる原理原則を明らかにすることが求められる．それには，実際の体育授業を対象とした実証的研究を繰り返し行い，教材や教師行動などを含めた学習指導の有効性を示していく必要がある．その実証的研究には，大きく分けて，量的な手法を用いる「量的研究」と質的な手法を用いる「質的研究」がある．前者には，体育授業における行動的事実や教師並びに学習者の意識などを特定の尺度やカテゴリーを用いて量的に分析し，対象の傾向を客観的に捉えることを可能にするというよさがある．ここで用いられる手法は，特に仮説検証的な研究において，学習の前後やそのプロセスにおける教師あるいは学習者の行動や意識の変容を検討したりする場合などに多用されている．

　また，量的研究は，その研究デザインによっていくつかのタイプに分けられる．例えば，学習指導プログラム（以下，「プログラム」とする）の有効性を明らかにする研究では，開発したプログラムの実践前に測定（調査）を行い，プログラムの実践後に再び同様の手順で測定（調査）を実施する．そして事前・事後の測定（調査）によって得られたデータを比較し，プログラムの有効性を検証するという手続きが1つのタイプとして挙げられる．

　他方で，プログラムの実施過程において，学習者の行動やパフォーマンス，意識などにどのような変容が見られたかを捉えるために，プログラムの実施過程に測定（調査）を行って量的なデータを収集する方法も挙げられる．例えば，ボール運動系のプログラムの場合，1単位時間の学習のみで技能が向上する可能性は決して高いとはいえない．そのため，安定した学習成果を保障するプログラムを開発していくためには，その時間的な長さについての検証も求められる．プログラムの事前・事後のみならず，その実施過程においても測定（調査）を行い，量的に状況を把握することで，より精緻にプログラムの有効性を検証することが可能になるといえる．

　以下，質問紙調査による体育授業の分析や体育授業中の学習者行動の分析，学習者の動作やパフォーマンスの観察評価を取り上げ，それらに関連する主な研究事例を紹介しながら，量的研究の方法について解説する．

2.量的研究の実際

(1)質問紙調査による体育授業の分析

　体育科教育学の実証的研究では，診断的・総括的授業評価や形成的授業評価，運動有能感調査など，質問紙調査を成果検証の方法として用いる量的研究が多い．いずれの質問紙調査も，プログラムの有効性やそのプロセスにおける教師や学習者の行動変容についての因果関係などを明らかにするために，プログラムの前後やその実施過程において適用される．ここでは，その質問紙調査を用いた量的研究の進め方を，小松崎ほか (2001) によって作成された「集団的・協力的活動を評価する形成的評価票」(以下，「仲間づくり調査票」と略す) を用いた先行研究を参考にしながら，解説していく．
　仲間づくり調査票は，体育授業における児童生徒の関わり合い活動や仲間づくりの成果を評価することを目的に開発されたものである．この調査票は，「集団的達成」「集団的思考」「集団的相互作用」「集団的人間関係」「集団的活動への意欲」の5因子 (質問は10項目) によって構成されている．この調査票を用いた実証的研究の一例として，佐伯・藤田 (2018) の研究が挙げられる．本研究では，小学校中学年を対象に，チャレンジ運動を取り入れた「体ほぐしの運動」(5時間単元) の仲間づくりへの効果が検証された．ここでは，毎回の授業終了後に仲間づくり調査を実施し，各因子の平均得点を算出することで，チャレンジ運動における児童同士の関わり合い活動の成果が数量的に確認されていた．
　上記のような手続きに基づいて質問紙調査による量的データを収集し，分析することで，プログラムの有効性を学習者の視点で評価したり，プログラムの実施過程で生じる変化の要因を明らかにしたり，その改善に向けた示唆を得たりすることが可能となる．仲間づくり調査票以外にも質問紙調査には複数の方法が挙げられるが，どの方法を採択するかについては，研究によって何を明らかにしようとするのか (研究の目的) に応じて判断することが重要である．

(2)体育授業中の学習者行動の分析

　よい体育授業を成立させる基礎的条件の1つに，肯定的な人間関係や情緒的な解放が見られる「授業の雰囲気」のよさが挙げられる (高橋・岡澤, 1994)．このことを明らかにした量的研究として，米村ほか (2004) による小学校の体育授業を対象とした授業の雰囲気と学習成果の関係を分析した研究が挙げられる．
　米村ほか (2004) は，体育授業の雰囲気を学習者の人間関係行動と情意行動の2つの視点から捉え，体育授業の雰囲気が学習の成果 (この研究では，形成的授業評価の得点が成果の指標として用いられていた) に及ぼす影響力の検討がなされている．具体的なデータ収集並びに分析方法については，まず，小学校で実践された体育授業 (器械運動並びにボール運動) をビデオカメラで撮影し[*1]，その映像を再生しながら，運動学習場面における学習者同士の肯定的あるいは否定的な関わり合い (人間関係行動) や，学習内容に関係した子どもの肯定的あるいは否定的な感情表出 (情意行動) を観察記録するというものであった．その際には，平野ほか (1997) によって開発された「人間関係行動・情意行動観察法[*2]」を適用し，収集されたデータは種目別 (器械運動並びにボール運動) に整理され，形成的授業評価得点との相関関係の分析が行われた．その結果，肯定的な人間関係行動と肯定的な情意行動については，器械運動とボール運動のいずれにおいても形成的授業評価得点との間に有意な相関関係が認められ

ていた．他方で，否定的な人間関係行動については，特にボール運動において，形成的授業評価得点との間に有意な負の相関関係が認められていた．

このように，量的な手法を用いて体育授業中の学習者行動の実態を分析したり，学習成果との関係を客観的に示したりすることで，よい体育授業を実践していくための手立てがより具体的になるといえる．

(3)学習者の動作やパフォーマンスの観察評価

①学習者の動作の評価に必要な観察的動作評価基準の作成

プログラムの有効性を検証する量的研究において，「走る」や「泳ぐ」，「投げる」などの動作の習得状況を成果の指標とする場合には，それらの動作を観察並びに評価するための基準（観察的動作評価基準）の作成が求められる．これまで体育科教育学の研究では，さまざまな観察的動作評価基準の作成が試みられてきた（陳ほか，2012; 鈴木ほか，2016; 高本ほか，2003）．表1は，滝沢・近藤（2017）によって作成された投動作の観察的評価基準（ボールを投げた後の「終末局面」のみ）を示したものである．

その作成手順については，まず仮説的に観察的動作評価基準を作成する．そこでは，評価の対象とする身体の部位や動作の局面，項目などを設定した上で，それぞれの項目の評価尺度（例えば，「A評価，B評価，C評価」や「パターン1，パターン2，パターン3…」など）並びに文言を整理する．次に，ビデオカメラで撮影した試技動作の映像をもとに，作成した評価基準に基づいて動作の評価を行う．その後，その評価によって得られた量的データを用いて，作成した評価基準の信頼性並びに客観性，そして妥当性について検証を行うというものである．例えば，鈴木ほか（2016）は，合理的な疾走動作を評価するための観察的動作評価基準の作成に向けて，小学校高学年の児童の疾走動作を評価し，以下の方法で，その評価基準の信頼性並びに客観性，そして妥当性の検証を試みた．

表1 投動作の観察的動作評価基準（滝沢・近藤，2017, p.5より「終末局面」のみ参照）

投運動の局面	番号	項目名	パターン1	パターン2	パターン3	パターン4	パターン5
ボールを投げた後（終末局面）	⑦	右足	・ボールを投げた後，右足がほとんど移動していない． または， ・ボールを投げる前に，右足が地面を離れ，前方に移動している．	・ボールを投げた後，右足がボールを投げる方向に移動しようとするが，元の位置に戻っている．または，投げる方向に移動しているが，ジャンプしながら投げている．	・ボールを投げた後，右足がボールを投げる方向に少し移動しているが，左足を超える程移動していない．または，・右足が体の側方を通過し，反対側へ1周し，後方へ戻っている．	・ボールを投げた後，右足がボールを投げる方向に移動している．または，・右足が体の側方を通過し，反対側へ1周し，左足と平行ぐらいに並んでいる．	・ボールを投げた後，右足が，左足よりも，ボールを投げる方向に大きく移動している．
	⑧	(投げた後・フォロースルー)右腕	・ボールを投げた後，右腕が顔の前方付近で振り終わっている．	・ボールを投げた後，右腕が顔より下の体の前方付近で振り終わっている．	・ボールを投げた後，右腕が体の前方から，右足にぶつかりそうなところまで振れている．または，・左肩の方へ横振りになっている．	・ボールを投げた後，右腕が体の前方から，左足にぶつかりそうなところまで振れている．	・ボールを投げた後，右腕が左の脇に巻き付くように振りきれている．

「信頼性」→同一検者が同一被験者に対して2回の動作評価を実施し，2回の得点の相関係数
　　　　　およびκ係数を算出した．
「客観性」→短距離走を専門とする2名の検者による動作評価の得点の相関係数およびκ係数
　　　　　を算出した．
「妥当性」→各評価項目の得点・身体部位別（上肢・下肢）の合計得点・総得点と疾走速度の相
　　　　　関関係を分析した．

　このように信頼性・客観性・妥当性が認められた観察的動作評価基準を作成することで，学習者
の動作をより精緻に分析することが可能になる．また，それによって得られる量的データは，提供
した教材の効果や学習者間の成果の差異などを具体的な数値で明示してくれることになる．

② 技能成果を客観的に分析するパフォーマンスの観察評価

　プログラムや教材などの有効性を検証する実証的研究では，実際にそれらを経験した学習者のパ
フォーマンスを評価し，その変容を分析するのが一般的である．また，その変容を客観的に捉える
ためにも，量的な手法によるデータの収集が求められる．例えば，ボール運動系の研究では，分析
の対象となる学習者のゲームの様子をビデオカメラで撮影し，その中で発揮されるパフォーマンス
を評価し，パスやシュートなどのボール操作の回数や成功率などのデータを算出する．

　また，近年の球技における戦術学習研究への関心の高まりによって，ボール操作の技能だけでな
く，ボールを持たないときの動きもパフォーマンス評価の対象となっている．例えば，岡田ほか
(2013) による小学校高学年を対象としたゴール型ボール運動教材の有効性に関する研究では，味方
プレイヤーからパスを受けるために空いているスペースへ移動する動き（サポート）が，適用した教
材を通してどの程度発揮できるようになるかを客観的に分析するためにパフォーマンス評価が行わ
れていた．具体的には，単元を通して毎時間実施されるゲームの映像分析を通して，「適切なサポー
ト率」や「動いてのサポート率」などのボールを持たないときの動きに関連するデータが算出され
ている．また，パフォーマンスの変容を明らかにするために，それらのデータは単元のはじめ，なか，おわり（それぞれ3時間ずつ）に分けて示され，統計分析によっても有意な向上が認められていた．

　このように，個人または集団のパフォーマンス評価に基づいて量的なデータを収集し，その変容
を分析することによって，プログラムや教材の有効性を客観的に示すことができるといえる．

3.量的研究を進める上での留意点

① 分析の信頼性を確保するための手続き

　実証的研究では，デジタルビデオカメラなどによって撮影した映像を分析し，量的なデータを収
集する作業を行っていく．その際，分析の信頼性を確保するために，観察者相互間による事前の観
察トレーニングが必要となる．行動観察の研究において観察者相互間の一致率[*3]を算出する方法
を用いる場合は，一般的に80%の水準が求められるといわれている（シーデントップ, 1988, p.290）．

　例えば，鬼澤ほか (2008) の研究では，体育科教育学を専攻するバスケットボールの指導歴のあ
る2人によって，バスケットボールの映像を用いた事前の観察トレーニングが行われていた．その
結果，ボール保持者による状況判断場面の一致率は87.3%，非ボール保持者によるサポート場面

の一致率は91.7%と，いずれも80%以上の一致率が得られたことにより，分析データの信頼性が確保されていたことが示されていた．

②より精緻な分析のための量的研究と質的研究の組み合わせ

量的研究で明らかになったことが，必ずしも完全なものではないということには留意する必要がある．例えば，あるプログラムの有効性に関する研究において，クラス全体のパフォーマンスの平均値が有意に向上したとしても，対象者の中には，そのような成果が見られなかった者もいるかもしれない．この場合，その対象者を含めたグループの話し合い場面の逐語記録などを分析し，ゲームの作戦を立案する際に，グループ内のメンバー同士でどのような会話が行われ，その対象者にどのような役割行動が与えられたのかなどを分析することによって，その対象者のパフォーマンスが向上しなかった原因を明らかにすることができるかもしれない．

このように，量的研究によって得られた結果についての因果関係が不明瞭な場合には，質的な手法を用いた分析を組み合わせること（これは「混合研究法」とも呼ばれる）でその因果関係が明瞭となり，より信頼性のある成果として体育の授業実践への適用が可能となっていく．

③研究の対象者（児童および生徒）への配慮

量的研究では，理論研究によって得られた仮説に基づいた教材やプログラムを適用する群（クラスやグループなど）と適用しない群に分けてデータを収集し，それらの比較検証が行われる場合がある．このように，一方の群に有効とされる教材やプログラムを提供し，もう一方の群にはそうではないものを提供することは，児童生徒が参加する体育の授業を対象とした体育科教育学の実証的研究としては望ましいことではない．もし，そのような研究デザインを採用するのであれば，もう一方の群にも，有効とされる教材やプログラムを経験する機会を保証する配慮が必要である．

4.参考となる論文

⑴小学校中学年における幅跳びの学習指導に関する一考察：3年生と4年生の授業成果の比較を通して（陳洋明・池田延行，2014）
本研究では，小学校中学年の幅跳びを対象に，助走技術を習得するための教材（リズムアップ幅跳び）を中心に位置づけた指導計画に基づいて授業が実践され，その成果が検証されていた．この研究の特徴としては，指導計画の有効性の検証が，幅跳びの記録測定による跳躍距離だけでなく，走り幅跳びの観察的評価基準（陳ほか，2012）を用いた動作評価によっても行われていた点が挙げられる．

⑵ゴール型のサッカー授業における体力つくりを企図した指導プログラムの効果：コートの広さを工夫したゲーム教材に着目して（津田龍佑ほか，2013）
本研究は，中学校1年生のサッカーの授業を対象に，単元教材として設定したゲームのコートの広さの違いによる体力つくりへの効果を検証したものであった．体力を評価するための指標として，無気的および有気的持久力する150m方向変換走の成績が用いられていたことに加え，形成的授業評価（高橋ほか，2003）も実施されていた．設定されたプログラムが対象者に肯定的に受け

止められたかを確認するために主観的評価を実施することは，より信頼性のあるプログラム開発へとつながることからも，本研究の手続きは参考になるといえる．

（吉永武史）

注

＊1 シーデントップ（1988）によって提案された「Group Time Sampling」（GTS法）を適用し，一定時間内における学習者全員の行動を走査してデータを収集できるように撮影された．

＊2 平野ほか（1997）によって作成された情意行動の観察カテゴリーでは，学習内容とは関係のない感情表出も記録されてしまうという課題があったことから，米村ほか（2004）は肯定的情意行動については，学習内容に関係した感情表出のみを観察記録した．

＊3 2人の観察者相互間の一致率については，「一致／（一致＋不一致）×100」（シーデントップ，1988，p.292）の計算式（S-I法：Scored-Interval method）によって算出することができる．

文献

1) 陳洋明・池田延行・藤田育郎（2012）小学校高学年における走り幅跳び授業における指導内容の検討：リズムアップ助走に着目した教材を通して．スポーツ教育学研究，32(1)：1-17.

2) 陳洋明・池田延行（2014）小学校中学年における幅跳びの学習指導に関する一考察：3年生と4年生の授業成果の比較を通して．体育科教育学研究，30(1)：17-32.

3) 平野智之・高橋健夫・日野克博・吉野聡（1997）体育授業における集団的・情意行動観察法の開発．スポーツ教育学研究，17(1)：37-51.

4) 小松崎敏・米村耕平・三宅健司・長谷川悦示・高橋健夫（2001）体育授業における児童の集団的・協力的活動を評価する形成的評価票の作成．スポーツ教育学研究，21(2)：57-68.

5) 岡田雄樹・末永祐介・高田大輔・白旗和也・高橋健夫（2013）ゴール型ボール運動教材としてのスリーサークルボールの有効性の検討：ゲームパフォーマンスの分析を通して．スポーツ教育学研究，32(2)：31-46.

6) 鬼澤陽子・小松崎敏・吉永武史・岡出美則・高橋健夫（2008）小学校6年生のバスケットボール授業における3対2アウトナンバーゲームと3対3イーブンナンバーゲームの比較：ゲーム中の状況判断力及びサポート行動に着目して．体育学研究，53(2)：439-462.

7) 佐伯美千代・藤田雅文（2018）小学校中学年体育における「体ほぐしの運動」の授業研究：チャレンジ運動による仲間づくりの効果の検証．スポーツ教育学研究，38(1)：71-82.

8) シーデントップ：高橋健夫ほか訳（1988）体育の教授技術．大修館書店：東京，pp.278-279.

9) 鈴木康介・友添秀則・吉永武史・梶将徳・平山公紀（2016）疾走動作の観察的動作評価法に関する研究：小学5・6年生を分析対象とした評価基準の検討．体育科教育学研究，32(1)：1-20.

10) 高橋健夫・長谷川悦示・浦井孝夫（2003）体育授業を形成的に評価する．高橋健夫編著，体育授業を観察評価する．明和出版：東京，pp.12-15.

11) 高橋健夫・岡澤祥訓（1994）よい体育授業の構造．高橋健夫編著，体育の授業を創る．大修館書店：東京，pp.9-24.

12) 高本恵美・出井雄二・尾縣貢（2003）小学校児童における走，跳および投動作の発達：全学年を対象として．スポーツ教育学研究，23(1)：1-15.

13) 滝沢洋平・近藤智靖（2017）投動作の観察的動作基準に関する研究：小学校全学年児童の動作を対象として．体育科教育学研究，33(2)：1-17.

14) 津田龍佑・井上明浩・鈴木宏哉・丸谷泰彦（2013）ゴール型のサッカー授業における体力つくりを企図した指導プログラムの効果：コートの広さを工夫したゲーム教材に着目して．体育学研究，58：297-307.

15) 米村耕平・福ヶ迫善彦・高橋健夫（2004）小学校体育授業における「授業の雰囲気」と形成的授業評価との関係についての検討．体育学研究，49(3)：231-243.

第3章

質的研究とその方法

1 ── 質的研究とは何か

　これまで我が国における体育科教育学における研究の多くは，数量的研究と呼ばれる手法でなされてきた．1970年代以降，アメリカを中心としながら授業の実態を明らかにする「組織的観察法」(systematic observation instrument) が代表的である (鈴木, 2015)．これらの開発，普及によって，期間記録法や相互作用行動観察法，学習者の学習従事量や人間関係行動分析，さらにはゲーム分析や，ゲームパフォーマンス分析なども体育科教育学の数量的研究として発展してきた．

　一方で，大友ほか (2002) は体育科教育学における数量的研究手法を用いた実証的研究について次のように指摘している．第一に，一般的知見しか提供しなかったこと，第二に，体育授業をある部分から数量的に理解できても全体的な授業の理解から離れていること，最後に，研究成果が体育授業実践に対して強い効果をもたらすのか，の3点である．これらの限界を超える方法として，授業の実態をできる限り自然な状態で把握しようとする動きが生まれ，質的体育授業研究が注目されるようになってきた (大友ほか, 2002)．また，高橋 (1992, 2015) も同様に，組織的観察法では総合的な意味性が十分に捉え切れておらず量的研究に限界があることや，授業の質的研究の重要性が叫ばれており，この方法を適用した研究成果の創出が課題であるとしている．

　デンジンとリンカン (2006, p.9) によれば，質的研究の「質的」という用語は，数，量，強度，頻度などによって実験的に検証や測定はできない，モノの質や過程あるいは意味を重視しているとされている．また，メリアム (2004) によれば，「社会現象のしぜんな状態をできるだけこわさないようにして，その意味を理解し説明しようとする探求の形態を包括する概念 (umbrella concept) である」とされている．

　教育分野での質的研究はいくつか種類があり，エスノグラフィーや現象学，グラウンデッド・セオリーやケース・スタディ，フィールドワークなどが挙げられる．メリアム (2004, p.28) は，これらは教育調査においてよく見られるもので，理解と意味を引き出すことが目標，調査者がデータ収集と分析の主たる道具であること，フィールドワークの活用，帰納的方向性を持った分析，調査結果は十分に記述的といった共通する本質的特性を有しており，お互いに連携し合っているとしている．

　以上を踏まえれば，体育科教育学における質的研究は，例えば，体育授業中における子どもや教師の発話や行為を対象としてデータを採取・記録したり，教師や子どもに対してインタビューを行ったりすることによって，得られた記述データをもとに分析していく研究方法であるといえる (秋田・藤江, 2019, p.8; 大友ほか, 2002)．

2 — 質的研究の実際

体育科教育学における質的研究の具体的な事例として，面接（インタビュー）調査とフィールドワークを取り上げ，その具体的な展開の仕方を2つの先行研究を参考にしながら解説する．

（1）面接（インタビュー）調査（四方田ほか，2013）

①目的

四方田ほか（2013）の論文では，英語圏の教師教育研究で採用されてきた目的的サンプリングによるインタビュー調査を用いた研究方法を援用し，我が国の小学校教師の体育授業に対するコミットメントを促す要因を明らかにすることを目的としていた．

②対象

対象は，T大学で長期研修教員として体育科の研修を行った公立小学校教師12名であった．ここでは，研究課題に対して豊富な情報を収集できると期待される対象者を選定する目的的サンプリングを採用し，回答を求めるある特定の条件や出来事，状況の経験等の範囲や属性の選択規準を設定した上で対象者を選定していた（メリアム，2004; ウィリッグ，2003）．

③データの収集方法

データの収集方法は，インタビュー・ガイドを作成し，それを参照しながら質問を行う半構造化インタビューによって収集された．インタビュー・ガイドは，先行研究を参考に筆者と体育科教育学を専門とする大学教員と協議の上で作成していた．

インタビュー調査は，行動や感情，あるいは人びとが自分のまわりの世界をどう解釈しているかなどが直接観察できないときに，必要になるとされている（メリアム，2004, p.105）．つまり，ここでは，体育教師の体育授業に対するコミットメントを促す要因が，直接観察できない事柄と判断し，インタビュー調査を実施している．また，どのようなタイプのインタビュー形式を用いるかを決定する際には，望ましいとされる構造化の程度を決めることが必要である（メリアム，2004, p.106）．図1はその程度を表したものである．本論文では，半構造化インタビューを採用し，「はい，いいえ」で答える質問ではなく，オープン・エンドの質問が主となるように作成されている．

なお，本論文でのインタビュー・ガイドは，a. 教職歴と校務分掌，b. 体育授業に関心を持った契機，c. 体育授業の目標観や取り組み方，d. 体育授業の指導の手応えの4つであった．この4つ

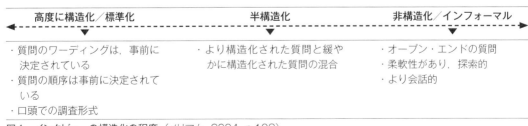

図1　インタビューの構造化の程度（メリアム，2004, p.108）

の質問の下階層に，さらに詳細な質問項目が記されていた．また，面接時間については，1名あたり約73分であり，内容はICレコーダーに録音し，逐語録（テクスト・データ）を作成している．

　インタビュー調査は，対象者に対して直接的な相互作用によってデータが収集されるため，観察と同じかそれ以上の倫理的配慮が必要とされている（秋田・藤江, 2019）．例えば，研究協力者の同意やプライバシーの保護といった基本的なことから，場所の確保や時間の余裕や必要物品を揃えるといったインタビュー環境を整えること，調査者の動機と意図，調査の目的を伝えることを事前に表明しておくことが必要であるとされている（才木, 2006; 秋田・藤江, 2019）．また，回答者は目的的サンプリングによって意図的に選ばれているため，調査者の興味を引くような意見を持っていると見なしており，インタビュアーは最後までこの姿勢を貫くことによって，回答者が進んで情報提供するとされている（メリアム, 2004, p.123）．

④ 分析方法とその手順

　分析方法は，木下（2007, 2018）により提唱された修正版グラウンデッド・セオリー・アプローチ（Modified-Grounded Theory Approach：以下，M-GTA）を採用していた．このM-GTAは，Glaser and Strauss（1967）により開発されたデータに根ざした分析を行い，理論生成するグラウンデッド・セオリー・アプローチ（Grounded Theory Approach: GTA）から派生しているもので，複数のバージョンが提唱されている（四方田ほか, 2013; ウィリッグ, 2003）．M-GTAでは，切片化したテクスト・データに対して文脈における意味を大切にしながらコーディングしていく（木下, 2007）．本論文では，分析手順が明確に示されていること，インタビュー調査の分析に適していることからM-GTAが採用された．

　M-GTAではデータ収集と分析作業が同時進行で進められるため，本論文では，インタビュー直後から分析を始めていた．なお，ここで用いられたのは，NVivo 8 (QSR International) という質的データ分析ソフトであった．近年，質的研究のための分析ソフトは多く開発されており，分析者が手作業で行うデータの分析をある程度システム化することができるため，時間の節約や手続きの透明化等がしやすいとされている．しかし，ソフトを使用してテクストの整理ができても，項目同士の関連性等を検討する作業は人間が行うため，注意が必要とされている（佐藤, 2019）．

　分析作業の手続きの大まかな順序は，次の通りである．まず，得られたテクスト・データから具体例を抽出し，分析ワークシートに記入する．そして，それを短い言葉で説明する「概念名」とその「定義」を設定する．それに該当する具体例を収集し，新しい具体例を追加する場合は，適切かを確認し，必要であれば修正を行っていた．新しい概念の作成と具体例の収集は同時進行で進められ，分析ワークシートは個々の概念ごとに作成していた．分析過程を通して気づき等が生じた場合は，「理論的メモ」にそのつど記入し，これらの作業を繰り返したとされている．

　次に，作成された概念同士の関係性を検討し，複数の概念を包括する「カテゴリー」を生成し，カテゴリーから分化可能な場合は，「サブカテゴリー」を設定した．また，概念，サブカテゴリー同士，およびコミットメントとの相互の影響を検討し，各カテゴリーと体育授業に対するコミットメントの関係を結果図としてまとめた．

　その次に，各対象教師から抽出された概念を比較し，対象教師の性別や保健体育科の中学校教諭免許の有無により抽出された概念およびカテゴリーに偏りがあるか検討し，最後に，仲間同士での検証，メンバーチェック，負のケースの分析といった妥当性の検討（メリアム, 2004, pp.297-298）を行っていた．

⑤結果と考察

　分析の結果，3個のカテゴリーと7個のサブカテゴリー，14個の概念が作成されたとしている．
　本論文では，同僚教師の支援等の職場環境や研修会への参加等の学習機会，体育授業に対する信念，授業実践の省察といった多様な要因群が存在し，相互に影響し合うことで授業へのコミットメントが促進されているとしていた．最後に，小学校体育教師の体育授業に対するコミットメントに影響する要因を具体的に抽出し，その関係性を検討できたことは意義があったと結んでいる．

(2) フィールドワーク（Otomo and Ogawa, 2003）

　フィールドワークは，参与観察と呼ばれ，観察の場所やプログラム，期間，場面，つまりフィールドに出向き，研究対象を観察する研究である（メリアム，2004, pp.162-163）．その手法をとった次の論文を紹介したい．

① 目的

　Otomo and Ogawa (2003)[*1]は，体育授業中における態度の低い児童はどのような経験をしているのか，どのような要因が彼らの学習行動に影響を及ぼしているのか，体育授業を観察する質的な授業分析法を用いて明らかにしようとした．

② 対象

　小学校3〜6年生各学年1学級ずつ計4学級を観察した．3，5年生を指導したのはA教師（教職経験22年，44歳，女性），4，6年生を指導したのはB教師（教職経験14年，37歳，男性）であった．対象は，体育授業に対する態度の低い児童（以下，下位児）が各学級男女1名ずつ合計8名であった．14単元70授業を観察し，すべての授業で介入はなされていなかった．

③ データの収集

　体育授業における下位児の学習の様子を詳細に記述した（以下，ジャーナル）．ジャーナル[*2]は授業中のメモ，教師の発言内容および行動を収録した授業のVTRの視聴を用いて，一文単位で記述していた．また，本論文では教師に対して観察開始前と終了後にインタビューを行い，観察終了後に書き起こした．なお，下位児に対する教師の行動が変わることを防ぐため，教師には下位児の氏名を知らせていなかった．
　授業中の教師の発言については，教師にワイヤレスマイクを装着し，授業中の発言内容と行動をできるだけ目立たない一定の場所からビデオに収録した．観察終了後，下位児の特徴的な学習行動に関して，教師とディスカッションを行い，その様子を音声収録していた．
　ここで注意したいのは，研究者の立場と参与方法である．授業研究における研究者は，観察者として体育館や校庭に児童生徒の目に映る範囲にいることが多い．このような場合，対象となる児童・生徒が普段の授業と同じようにふるまってくれるかは不明である．体育科教育学のフィールドワーク研究において，研究者は図2に示す「観察者としての参加者」，もしくは「参加者としての観察者」となることが多いだろう．教育実践の場でのフィールドワークにおいては，完全なる参加者や観察者となることは基本的にはないとされており，教室や体育館といったフィールドで営まれている実践の際の観察者の居方は「観察者としての参加者」となり，授業研究でのフィールドワークでの身

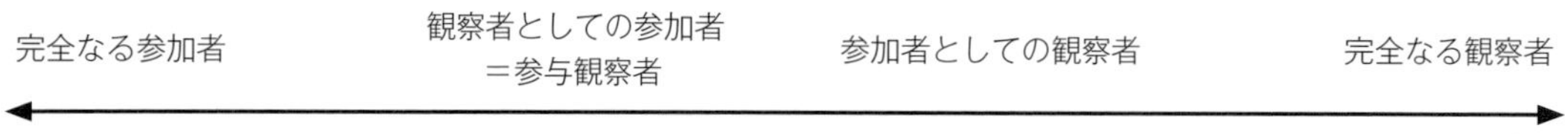

図3　フィールドワーカーの役割タイプ（佐藤，2019，p.164）

の置き方とされている（秋田・藤江，2019）．

④分析方法とその手順

　収集したデータは次の手順で分析されていた．まず，ジャーナルには，a.下位児の学習行動，他児童や教師の働きかけ，授業全体の様子，下位児の学習行動に影響を及ぼす要因，要因を導いた理由，授業場面，児童名を記述していた．これらすべての記述が明確に分離しているか授業時間ごとにチェックし，分離できていないときは，ジャーナルを作成し直した．次に，ジャーナルから下位児ごとに特徴的な学習行動を探索した．このとき，授業観察前に実施した教師に対するインタビューも参照した．抽出した学習行動は，共通した特徴を持ったものにグループ化した．

　その結果，10のグループが見つかった．さらに，10の特徴的行動のグループが下位児の特徴的な学習行動として妥当かどうか教師とディスカッションし，9つのグループは妥当，1つのグループが妥当でないと判断された．9つのグループは下位児の学習行動あるいは，下位児を取り巻いて起こった現象を示していたため，これらを包括する上位3つの概念に分類することができた．

　これら3つの概念カテゴリーについては，カテゴリーの再構成や状況の制限を確認するため，否定的な事例を探索した．否定的事例はカテゴリーごとに複数確認できたが，それらはカテゴリーを洗練するものとして位置づけることができた．データの分析はBogdan and Biklen (1992) を参考に帰納法的に行い，カテゴリーは徐々に洗練していったとされている．

⑤結果と考察

　下位児の学習行動に影響を及ぼす要因として，1)運動課題の難度，2)学習集団，3)教師の指導信念の3つのカテゴリーが確認できたとされている．つまり，下位児が自分の能力以上の高い運動課題に取り組むことはほとんどなく，学習集団の指示に従って受動的に行動するため運動学習機会が奪われ，教師から技能向上に向けたフィードバックを受けることも少なかったと報告していた．下位児の学習行動を取り巻く状況を変えるためには，下位児の運動技能の向上を保証することが重要な課題になり，下位児の学習行動を活性化させ，最低限の技能保証を図るための方略について検討する必要性があると結んでいた．

3—質的研究を進める上での留意点

　質的研究を行うには，観察者として，記述的にものを書き留める方法の学習やフィールド・ノートを正確につける訓練が必要である．また，インタビュー調査では，よい質問をすることによって，意義のあるデータが得られるとされている（メリアム，2004，pp.104-135）．さらに，質的研究の価値を判断する場合は，得られたデータが主観性の強いものであると判断されてしまうことから，妥当性

と信頼性を確保する必要がある．調査結果がいかにリアリティに即しているかについて検討する内容的妥当性については，次の基本的方策を用いるとされている（メリアム，2004, pp.297-298）．

①トライアンギュレーション：創出された分析結果を複数の調査者，複数のデータ源，あるいは複数の方法を使うこと．

②メンバー・チェック：データと暫定的な解釈をデータ提供者のもとに持っていき，その分析結果が妥当なものかどうかを尋ねること．

③長期観察をする：あるいは同じ現象を繰り返し観察する．

④仲間同士での検証：分析結果が創出されるたびに，同僚の意見を求める．

⑤参加的で協同的な調査のモード：調査参加者を研究目的の段階から調査結果の執筆までの全てに関与させる．

⑥調査者のバイアス：調査者の考え方や世界観や理論的方向性を，調査の初期段階で明確にする．

　質的研究では，反復測定のような信頼性を確証するような水準点はないとされている（メリアム，2004, p.299）．したがって，質的研究の信頼性の確保は，結果と収集されたデータに一貫性があるかどうかを確認する作業が必要とされている．

　また，質的研究において一般化の可能性を高めていくためには，豊かで分厚い記述をすることや，他の事例と比べてどのくらい典型的であるかを記述すること，複数の調査地やケース，状況を用いて対象の多様性を最大限にすること等の方策をとるとされている（メリアム，2004, pp.303-310）．

4──参考となる論文

(1)四方田健二・須甲理生・荻原朋子・浜上洋平・宮崎明世・三木ひろみ・長谷川悦示・岡出美則（2014）小学校教師の体育授業に対するコミットメントを促す要因の質的研究．
　インタビュー調査の方法を丁寧に記しながら，分析している手順も明確に記されている論文で，特に修正版グラウンデッド・セオリーの分析手続きとその結果が詳細に記載されている．

(2)Ben P. Dyson, Rachel Colby, Mark Barratt (2016) The Co-Construction of Cooperative Learning in Physical Education With Elementary Classroom Teachers.
　海外で取り組まれている質的授業研究の一例で，データの収集は，教師の授業後の振り返り，ジャーナル，フィールドノート，メール等のテクスト・データから検討を行っている．

(3)Otomo, S. and Ogawa, T. (2003) The Influential Factors to Lower Attitude Pupil's Learning Behavior toward Physical Education Class.
　研究対象を観察しながら，行動分析を行っている論文である．このようなフィールドワークを用いた研究はまだ少なく，体育科教育学において求められる質的研究の手法をとった論文といえる．

（荻原朋子）

〈謝辞〉
　本稿は，四方田健二氏(名古屋学院大学)，須甲理生氏(日本女子体育大学)にご協力いただいた．感謝申し上げます．

注

*1 大友・小川(2003)は，Otomo and Ogawa(2003)を加筆修正したものを『体育授業を観察評価する』の書籍に詳細に記しているため，両方を参照した．

*2 ジャーナルとは別に観察を記録するもので，フィールド・ノート(記録，メモ，覚書)がある(フリック，2016)．フィールド・ノートは，観察期間中に書き留められたり，機械的に記録されたりして，最終的にそこから研究結果が生まれる原データ(raw date)となる(メリアム，2004, p.152)．

文献

1) 秋田喜代美・藤江康彦(2019)理論編．これからの質的研究法〜15の事例にみる学校教育実践研究〜．秋田喜代美・藤江康彦編，東京図書：東京，pp.2-39．

2) Ben P. Dyson, Rachel Colby, Mark Barratt (2016) The Co-Construction of Cooperative Learning in Physical Education With Elementary Classroom Teachers. Journal of teaching in Physical Education, 35, 370-380.

3) Bogdan, R. C. and Biklen, S. K. (1992) Qualitative research for education (2nd edition). Allyn and Bacon: Boston. pp.153-183.

4) デンジン・リンカン：平山満義監訳(2006)質的研究の学問と実践．質的研究ハンドブック1巻．北大路書房：京都．

5) フリック：小田博志監訳(2016)データの記録と文書化．新版 質的研究入門〈人間の科学〉のための方法論．7刷．春秋社：東京，pp.360-362．

6) Glaser, B. and Strauss, A. (1967) The discovery of grounded theory: Strategies for qualitative research. Aldine Transaction: Chicago.

7) 木下康仁(2018)ライブ講義M-GTA 実践的質的研究法─修正版グラウンデッド・セオリーのすべて．10刷．弘文堂：東京．

8) 木下康仁(2007)グラウンデッド・セオリー・アプローチの実践─質的研究への誘い．6刷．弘文堂：東京．

9) メリアム：堀薫夫ほか訳(2004)質的調査法入門：教育における調査法とケース・スタディー．ミネルヴァ書房：京都．〈Merriam, S. B. (1998) Qualitative research and case study applications in education (2nd ed.). Jossey-Bass Publishers: San Francisco.〉

10) Otomo, S. and Ogawa, T. (2003) The Influential Factors to Lower Attitude Pupil's Learning Behavior toward Physical Education Class. International Journal of Sport and Health Science, 1(1): 76-81.

11) 大友智・小川知哉(2003)小学校体育授業の質的研究の試み─体育の嫌いな児童の学習行動に影響を及ぼす要因は何か─．高橋健夫編著，体育授業を観察評価する─授業改善のためのオーセンティック・アセスメント．明和出版：東京，pp.89-94．

12) 大友智・吉野聡・高橋健夫・岡出美則・深見英一郎・細越淳二(2002)米国における質的体育授業研究の「目的」及び「方法」の特徴─JTPE誌の研究例の分析から─．スポーツ教育学研究，22(2)：93-113．

13) 才木グレイグヒル滋子(2006)質的研究方法ゼミナール．医学書院：東京．

14) 佐藤郁哉(2019)QDAソフトウエア．フィールドワーク 増訂版 書を持って街へ出よう．10刷．新曜社，pp.237-247．

15) 鈴木理(2015)質的研究の成果と課題．新版 体育科教育学の現在．岡出美則・友添秀則・松田恵示・近藤智靖編，創文企画：東京，pp.256-268．

16) 高橋健夫(1992)体育授業研究の方法に関する論議．スポーツ教育学研究，20(特別号)：19-31．

17) 高橋健夫(2015)体育科教育学の発展過程．新版 体育科教育学の現在．岡出美則・友添秀則・松田恵示・近藤智靖編．創文企画：東京，pp.227-241．

18) ウィリッグ：上淵寿ほか訳(2003)心理学のための質的研究法入門─創造的な探求に向けて─．培風館：東京．〈Willig, C. (2001) Introducing qualitative research in psychology: Adventures in theory and method. Open University Press: Maidenhead.〉

19) 四方田健二・須甲理生・荻原朋子・浜上洋平・宮崎明世・三木ひろみ・長谷川悦示・岡出美則(2014)小学校教師の体育授業に対するコミットメントを促す要因の質的研究．体育学研究，58：45-60．

第4章

複合的研究とその方法

1.複合的方法を用いた研究とは何か

(1)研究方法に関する論議──量的・質的・複合的な研究法

　前章までで見てきたように，研究を進める際の方法には，大きく分けて量的データを用いる量的研究法と質的なデータを用いる質的研究法がある．この両者についてはこれまで，量的方法の方がデータの代表性や法則性を示すのにより適しているとか，ものごとの本質を知ることができるのは質的方法だとかいった論議が行われてきた．しかし一方では，1つの研究プロジェクトの中で，あ

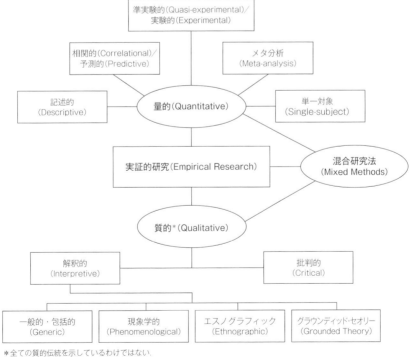

＊全ての質的伝統を示しているわけではない.

図1　実証的研究の構造（Locke, Silverman & Spirduso, 2010, p.88）

る対象や実践を捉える際，量的・質的それぞれの方法から見えるものを整理して総合的に考察し対象の本質により深く迫ろうとすることは，当然，あり得る話である．近年では，1つの研究で両方の方法を用いることの積極的意義を認めることで，より対象を精緻に把握して結論を導くことが期待されるようになるとともに，それぞれの意義を認めてこれらを「複合的に」用いることに一定の理解が得られるようになっているといえる（フリック，2011, pp.29-43）．

　多様な研究方法の選択と研究デザインについてLocke, Silverman & Spirduso (2010, p.88) は，実証的研究の構造を図1のように示している．量的研究には「記述的」「相関的／予測的」「準実験的／実験的」「メタ分析」「単一対象」の研究などがあり，質的研究は大きく「解釈的」「批判的」から構成されるが，それらを組み合わせた量的と質的双方の方法を組み合わせる方法が「混合研究法（Mixed Methods）」として位置づけられている．

　この混合研究法については，日本教育方法学会による『教育方法学研究ハンドブック』にも，教育研究の方法の類型として，量的研究・質的研究に加えて「混合研究」が第三のカテゴリーとして示されている（池野，2014, pp.50-55）．抱井（2016, pp.2-4）はこの混合研究について，「質と量による統合のアート」として提唱され，量的方法と質的方法を単に併用するのではなく，「質的研究と量的研究の2つの研究アプローチの『統合』(integration) という概念」をその特徴としていると説明している．加えて「この（量的・質的；括弧内筆者）アプローチを用いることによって生産される知識の本質を問うような哲学的視座」の有無と「（2つの研究アプローチの）統合によるシナジーの徹底的追究姿勢の有無」が，従来の考え方とは異なる特色であるとしている．2015年には日本混合研究法学会が設立されるなど，新たな研究方法論を用いた研究が積極的に生産されるようになっている（抱井，2015, pp.1-22）．

　しかし体育科教育学研究では，まだ明確にこの混合研究のフレームで行われた研究が多いとは必ずしもいえないことから，さしあたり本章では，量的方法と質的方法の両者を用いて行われる研究を「複合的研究」と呼び進めることにする．

(2) 複合的研究の多様な研究デザイン

　フリック（2011, p.32）は，マイルズとヒューバーマンの主張を踏まえて，量的研究と質的研究を統合する研究デザインを図2のように示している．

　これを体育授業研究に引き寄せて研究例を想定してみると，「1」を活用した研究としては，年

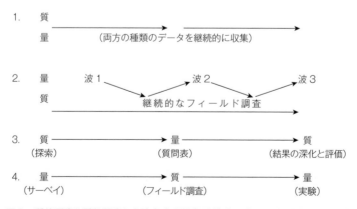

図2　質的研究と量的研究とを統合する研究デザイン（フリック，2011, p.32）

間の体育授業を通した学習者の行動と意識の変容実態を明らかにする目的で，継続的な調査とフィールドノーツの作成を併用して記録し分析するといった研究が考えられる．「2」では，継続的な観察を行いながらその期間中に何度か調査を実施し，ある教育的な働きかけの成果とその変容の理由を具体的に明らかにするといった研究が考えられる．「3」としては，一定期間を通した授業改善の取り組みを記述・分析する目的で，授業改善に係る情報を質的資料として収集し，それを踏まえた授業実践の成果を量的データで確認する．その後，再度質的な情報からさらなる授業改善に向けた情報を集めて考察するといったアクションリサーチなども想定される．「4」では，より効果的な指導モデルを構築する目的で，まず授業についての情報を量的データで収集し，それを踏まえてフィールド調査を実施して，対象の行動的事実を記述・分析する．それを踏まえて介入実験授業を展開し，その成果を量的データで確認するといったものが考えられる．

2.複合的方法を用いた研究の実際

　複合的方法を用いた研究として，前述のようにいくつかの研究モデルが考えられるが，ここでは「量的データと質的データを相互補完的に用いる研究」と「アクションリサーチ」を取り上げる．

（1）量的データと質的データを補完的に用いる研究とその進め方

　まず前者の研究例として，『体育科教育学研究』に掲載された中西ほか（2019）の論文を取り上げることができる．中西らは，小学校4年生のマット運動「首はね起き」の前段階として「前転ブリッジ」の単元を設定し，そこでの手立てが「はね動作」の習得にどのように影響するのかについて，授業実践および分析を通して考察している．論文では，はね動作の動作的特徴の理解およびカリキュラム上の位置づけをしてその習得に結びつく教材に関する理論的基盤と実際の単元構成を述べた後，授業場面における児童の動きの達成度が数量的に示されている．そこで全体的な技能成果の傾向が見えてくるが，これに加えて抽出児童における学習の事実を確認するために，連続写真の質的な分析・解釈とワークシートの記述分析が行われている．

　授業で適用した手立てを踏まえた児童の達成度を数量的に示して全体的な傾向を示すとともに，抽出児童の動きや学びについて質的な視点から個別具体的な解釈が行われていることから，量的なデータと質的なデータを補完的に併用して効果的な指導についての知見を見出そうとした研究例だといえる．

（2）アクションリサーチとその進め方

　体育授業研究を含めた教育研究の場合，教師が日々の実践や取り組みを通してどのように専門職的成長を遂げるのか，学習者がどのような学びや葛藤を経験して成長していくのか，あるいは実践の方向性を検討するために開かれるカンファレンスで話された内容とそれに続く実践の観察・分析を繰り返して改善の要点を導出しようとする研究など，実践を繰り返しながら多くの情報を量的・質的に収集し，その営みについて読み解いていく研究が増えていくことが期待される．そのような研究目的に見合う研究の方法の1つに「アクションリサーチ」がある．

①アクションリサーチとは

　アクションリサーチは，社会心理学者のクルト・レヴィンが提唱したもので，「社会科学の実験アプローチと社会問題に取り組む社会行動計画とを結びつけた研究を表わす」（シュワント，2009）とされる．またアクションリサーチには2つの重要な性質が含まれており「第一に，目標とする社会的状態の実現に向けた変化を志向した工学的な研究であり，価値観を反映した研究である．第二に，この意味での目標を共有した当事者と研究者による共同実践的な研究である．よって，アクションリサーチは，研究『方法』のひとつと言うより，研究に臨む『態度』だといえる」（矢守，2005）ともされている．

　また秋田（2005）は，アクションリサーチには，「①場の力学に基づく単一事例の診断，②螺旋的に『計画—実行—評価』をとおして連続して変化を追う，③その場の人の主体的参加」という3つのレヴィンのアクションリサーチの思想的特徴があったことを指摘している．

　アクションリサーチの過程はさまざまであるとされているが，例えば佐野（2005）は，英語教育を対象として，①問題の発見，②事前調査，③リサーチ・クエスチョンの設定，④仮説の設定，⑤計画の実践，⑥結果の検証，⑦報告といったプロセスを踏まえて展開したアクションリサーチの事例を報告している．近年では，教育学分野・心理学分野等において積極的にアクションリサーチが行われ，その方法論的特徴や有用性が示されるようになっている．

　研究の具体例としては，秋田ほか（2001）による「アクションリサーチによる学級内関係性の形成過程」を挙げることができる．この研究では，小学校2年生の教室を1年間の期間をかけて継続的に観察した（観察は1日．分析対象は朝の会と帰りの会）．そこでは，各学期における会話内容（ポジティブ・ニュートラル・ネガティブ），発言内容の頻度，連鎖発言数・公的発言の変化，会への参入の仕方（要求・指示・暗黙・自発など），発言への割り込みといった事象を，カテゴリーを設定してカウント＝数値化してその全体的な傾向を把握するとともに，実際の場面における教師と児童の発話等を質的な文字データで示して個別具体的な事実を提示している．定期的に開催されるカンファレンスでそれらを解釈しながら次の方向性や具体的な手立てを検討していくという研究過程を記述・報告し，対象学級内の関係性がどのようにかたちづくられていったのかが明らかにされている．

　この他にも，佐藤ほか（2004），酒井（2007），藤江（2007）によっても，教育研究とアクションリサーチの関係や実際の研究成果等が報告されている．

②実践研究における研究者の関与の仕方

　しかしアクションリサーチは，その枠組みや捉え方が柔軟で一様ではないという側面もあわせ持つことにも注意したい．

　ではフィールドワークを含む方法論とその展開の仕方について，秋田・市川（2001）による「実践研究への関わり方」を見てみたい．表1から，1つめは観察者が実践に影響を及ぼさずに観察を行う「観察調査」，2つめは継続的にその場に居続けながら，その場の習慣などを明らかにする「参与観察」，3つめ以降がいわゆる「アクションリサーチ」にあたるものである．まずは研究者らが実践づくりの間接的支援者となってコンサルテーション活動を進めるもの，次はカウンセリングや介入訓練等，特定の問題場面において研究者が実践者となるもの，最後は実践者自身による研究としてのアクションリサーチである．

　ちなみに，体育科教育学関連で目にすることができるアクションリサーチの文献としては，細越・松井（2009）によって『体育授業研究』（体育授業研究会発行）に掲載されている「体育授業と学級経

表1　実践研究への関わり方 (秋田・市川, 2001, p.162)

	型・名称	研究者と実践の場との関連	研究対象としての実践の位置づけ	実　　例
1	観察調査 フィールドワーク (非関与観察)	一時的ストレンジャー 透明人間	実践についての研究	
2	参与観察 フィールドワーク	継続的ストレンジャー 異文化者	実践についての研究	
3	アクションリサーチ (コンサルテーション)	実践づくりの間接的支援者 コンサルタント	実践を通しての研究	校 (園) 内研究, ケースカンファレンス, 巡回指導, 発達相談
4	アクションリサーチ (カウンセリング, 介入訓練)	特定の問題場面での実践者 カウンセラー, 訓練指導者	実践を通しての研究	認知カウンセリング, 療育指導
5	アクションリサーチ (実践者による研究)	日常的・継続的な全面的実践者	実践を通しての研究	教師や親自身による実践と研究

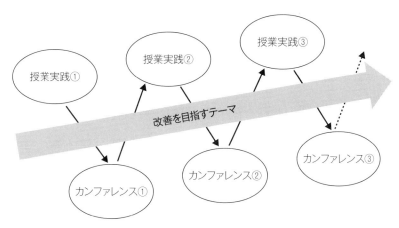

図3　細越・松井 (2009) の研究フレームワーク

営の関係についてのアクションリサーチの試み―M学級の1学期の取り組みから―」がある. この研究では, 体育授業を通して肯定的な学級集団を育成することを目指して, 実践とカンファレンスを繰り返した1学期間の取り組みが記述・考察されている (図3). 表1でいえば「3」の立場での研究だといえる.

　ここでは量的データとして, 毎単元の開始・終了時に体育授業および学級集団意識に関する意識調査を実施して, 児童の体育授業と学級集団への態度のプラスの相関が見られるかどうかを数量的に確認している. 質的データとしては, カンファレンスで語られた発話内容の記述や授業場面のできごとをフィールドノーツに記録し, 数量的な分析結果の理由を補完するかたちで考察が行われている.

　アクションリサーチは, 時間と手間, そして膨大な資料を整理・分析・考察するなど作業量は多いけれども, 日々の授業や生活場面における教師の働きかけや学習者同士の関わりの1つ1つの関係性を, その実践に寄り添いながら展開することができるという点で, 教育研究との親和性が高い研究法だといえる.

　体育科教育学領域におけるアクションリサーチの研究は, これまでも学会発表レベルではいくつか目にすることができるが, 学会誌に掲載された研究成果という意味では, 今後に期待が寄せられ

る現状にある.

3.複合的研究を進める上での留意点

　以上，第三の立場として「複合的研究」について述べてきた．量的・質的データを複合して進められる研究は，その複合の度合いには差があるとしても，現在ではよく見られるし，計画段階でも検討される研究デザインだといえる．量的データを示した後，なぜそのような結果になったのかを個別的・具体的な質的データで示そうとする研究があり，他方では，量的・質的データを統合する形で知見を導くようなセッティングも考えられる．どのような場合であっても，研究目的に照らして，より適切な方法の選択・組み合わせ・提示を心がけることが求められる.

（細越淳二）

文献

1) 秋田喜代美・市川洋子・鈴木宏明(2001)アクションリサーチによる学級内関係性の形成過程. 東京大学大学院教育学研究科紀要, 40:151-169.
2) 秋田喜代美(2005)学校でのアクションリサーチ. 秋田喜代美・恒吉僚子・佐藤学編, 教育研究のメソドロジー. 東京大学出版会:東京, pp.163-183.
3) 秋田喜代美・市川伸一(2001)教育・発達における実践研究. 南風原朝和・市川伸一・下山晴彦編著, 心理学研究法入門. 東京大学出版会:東京, pp.153-190.
4) ウヴェ・フリック(2011)新版 質的研究入門. 春秋社:東京, pp.29-43.
5) 藤江康彦(2007)幼小連携カリキュラム開発へのアクション・リサーチ. 秋田喜代美・藤江康彦編, 事例から学ぶはじめての質的研究法 教育・学習編. 東京図書:東京, pp.243-274.
6) 細越淳二・松井直樹(2009)体育授業と学級経営の関係についてのアクションリサーチの試み—M学級の1学期の取り組みから—. 体育授業研究, 12:45-55.
7) 池野範男(2014)教育研究の類型と特質. 日本教育方法学会編, 教育方法学研究ハンドブック. 学文社:東京, pp.50-55.
8) 抱井尚子(2015)混合研究法入門. 医学書院:東京, pp.1-22.
9) 抱井尚子(2016)混合研究法 「古くて新しい」研究アプローチ. 日本混合研究法学会監修, 混合研究法への誘い. 遠見書房:東京, pp.2-4.
10) Lawrence F. Locke, Stephen J. Silverman & Waneen Wyrick Spirduso (2010) Reading and Understanding Research 3rd edition. Sage Publications, Inc: California, pp.79-88.
11) 中西紘士・木原成一郎・大後戸一樹・久保研二(2019)小学校体育科のマット運動における「はね動作」習得のための実践研究—小学校中学年における「アンテナブリッジ」と「前転ブリッジ」の関係を中心に—. 体育科教育学研究, 35(2):17-32.
12) 酒井朗編著(2007)進学支援の教育臨床社会学　商業高校におけるアクションリサーチ. 勁草書房:東京.
13) シュワント(2009)アクションリサーチ. シュワント著, 質的研究用語事典. 北大路書房:京都, pp.1-2.
14) 佐野正之(2005)はじめてのアクションリサーチ. 大修館書店:東京, pp.4-12.
15) 佐藤一子・森本扶・新藤浩伸・北田佳子・丸山啓史(2005)アクションリ・サーチと教育研究. 東京大学大学院教育学研究科紀要, 44:321-347.
16) 矢守克也(2005)アクションリサーチ. やまだようこ編, 質的心理学の方法. 新曜社:東京, pp.178-189.

第5章

学位論文の研究とその方法

1 — 学位論文とは

　学位論文とは，学位を取得するにあたって，研究の成果をまとめたものであり，一般的には大学の学部における学修を経て，学士の学位を取得する際に執筆するものを卒業論文（以下，卒論）と呼んでいる．大学院の学修を経て，修士の学位を取得する際に執筆するものを修士論文（以下，修論），博士の学位を取得する際に執筆するものを博士論文（以下，博論）[*1] と呼んでいる．学位論文の作成に向けて，多くの学生と教員が多大なる時間と労力をかけて取り組む理由はいったい何であろうか．また，学位論文をどのように進めればよいのであろうか．本章では，なぜこうしたことに取り組むのか，そしてどのような手続きで進めればよいかについて話を進めることとする[*2]．

2 — 学位論文の作成を通じて身につく力

　そもそも「なぜ学位論文を執筆しなければならないのか」といった疑問を口にする学生は多くいる．学位論文を書くことの意味が理解できていなければ，やる気も上がらないばかりか，苦痛さえも感じることになる．

　各大学や大学院が学位論文の作成を課している理由はさまざまであるが，研究をまとめる中で，大きな力が学生に身につくと考えているからである．いくつかの大学のホームページを見ると，「卒論の作成を通じて，パソコンをうまく使いこなせるようになる」「プレゼンテーション力が身につく」「就職の面接でスムーズに回答できる」といった旨の文言が見られる．こうした目に見える力が身につくことは間違いないが，むしろ学位論文の執筆を通じて身につく中核的な力は，論理構成能力と批判的思考力であるといえる．

　学位論文は，レポートとは異なり[*3]，取り組むテーマを選び，関連する先行研究を調べ，そのテーマに関わる課題を発見し，解決に向けて証拠となるデータを作成し，考察や結論を下す，といった一連の過程を経る．その中で，一貫した論理を構成していく力が鍛えられていく．また，現状を批判的に検討し，同時に自分自身の考えを振り返りながら，思い込みや偏見を捨て，結果となるデータや文章を深く分析しながら，新たな見解を創造していく．こうした過程を経ることにより，批判的思考力が鍛えられていく．そのため，多くの大学や大学院が学位論文を現在でも課しているので

ある．では，次に学位論文の執筆をする上での，具体的な手続きについて話を進めることとする．

3──具体的な研究とその方法

（1）テーマや目的の選択

「体育科教育学に関連する課題を取り上げ，それを卒論にしてください」と問われた場合，学部生であれば，何をしてよいかわからないのは当然である．その場合，学部生はどのようなことに関心があるのかを自分で考えてみることが大切である．自分自身の教育実習やボランティアの体験を振り返り，どのようなことを知りたいのか，といった身近なところからテーマを選択してもよい．例えば，子ども同士の関わりや，教師から子どもへの声かけなど，さまざまなテーマが考えられるはずである．

修論や博論であれば，テーマの設定は慎重になされる必要がある．もちろん，自分自身が特定の種目を学生時代に経験してきたから，といった単純な理由でも構わないが，学問的な広がりや潮流，あるいは中央教育審議会等の行政施策を踏まえながら選択していくことが大切である．例えば，体育科教育学の専門領域は，日本体育学会の研究発表のコード表によると「カリキュラム論」「教授・学習指導論」「体育教師教育論」「科学論，研究方法論」の4つから成り立っているが，「体育教師教育論」といった場合，文部科学省や教員養成系の大学や学部がどのような教員養成の考え方に立っているのか，といった基礎的な流れを知っておく必要があり，その上でテーマを選んでいくべきである．もっとも，この段階でのテーマ選択はあくまで仮なので，難しく考え過ぎないことである．

（2）先行研究とリサーチ・クエッション

次にテーマと関連した先行研究を調べていく必要がある．その際，以下のような手順で調べるとよい．

① 初めに専門的な雑誌や書籍を読む

専門的な雑誌や書籍には，研究をする上でのさまざまなヒントが隠れており，実際に研究を始める前にいくつか確認をしておく必要がある．とはいえ，雑誌や書籍にもさまざまな種類があり，その特徴を知っておくことは大切なことである．そこには，ア）教育雑誌，イ）学会や大学が発行する学術誌，ウ）専門書と呼ばれる学術書の3つがある．

ア）教育雑誌

教育雑誌は，教育に関連する出版社がその内容を編集し，刊行しているものである．例えば，『体育科教育』（大修館書店），『楽しい体育の授業』（明治図書出版），『体育・保健体育ジャーナル』（学研教育みらい）等がそれに当たる．こうした雑誌には学校現場の体育授業や行事等を対象とした研究や授業実践が記されている．こうした雑誌の目次を数年単位で読んでみるだけでも，体育授業をめぐって何が話題となっているのかがわかる．

イ）学術誌

学術誌は，学会が編集しているものである．例えば『体育科教育学研究』（日本体育科教育学会発行），

『スポーツ教育学研究』(日本スポーツ教育学会発行),『体育学研究』(日本体育学会発行) があり, 学会員によって作成された研究論文が掲載されている. また, 主に大学の教員によって作成されている『○○大学紀要』『△△センター紀要』にも, 研究論文が掲載されている.

ウ) 学術書

学術書は, 研究者によって著された書籍である. 学問の入門書や国内外の動向をまとめているものが多く, 例えば『体育科教育学入門 [三訂版]』(大修館書店) をはじめ, 本書もここに分類される.

こうした書籍の中で, 自分自身の研究に関連しそうなところを読むと, どのようなことをしなければならないのかが明らかになってくる. 例えば, 教育雑誌の中で「子どもの技能は高まった」「授業で楽しさを感じていた」という文言が書かれていたとする. しかし, それを証明するデータはどこにも載っていないし, 引用・参考文献もないとすると, そこに研究のヒントがある. 実際に技能が高まったかどうか, 数値で示してみたり, 質問紙を使ったりして証明してもよい. このように先行研究をよく読むと, 実は証明されていないことも多い. また, なかなかうまく先行研究が見つけられない, という声をよく耳にするが, 先行研究の巻末に掲載されている引用・参考文献の欄を読むと大きなヒントにもなる.

では, 具体的にどのように先行研究を集めていけばよいのか. 近年は, 学会や大学の研究成果となる論文をオンライン上に公開している場合も多く, 先行研究を手軽に入手できるようになっている. また, オンライン上で入手できない学術書であっても, 所属している大学の図書館で貸し出し手続きをすれば, 他大学の図書館に所蔵されている書籍を一定期間借りることもできる.

オンライン上で論文を検索する場合, 代表的な国内のデータベースは, CiNii Articles, IRDB, J-Stage である. この3つを使うと多くの体育科教育学に関連する情報を入手することができる. ただし, それぞれの特徴があり, それを知っておく必要がある.

CiNii Articles は, 研究論文をはじめ, 学会大会の抄録や市販雑誌の記事等, 大小さまざまな情報を入手できるという特徴がある. 一方, IRDB は, 学術機関リポジトリのことであり, 大学の紀要等の検索に適している. J-Stage は, 学会の発行する電子化された研究論文の検索に適している. なお, 海外文献の場合, ProQuest の Physical Education index や SPORTDiscus 等もあるが, 所属している大学の図書館がこうした海外向けのデータベースと契約しているかどうかが重要であり, 不特定多数の人が利用できるわけではない.

このように先行研究を集め, 読みこなし, 内容をまとめながら, 何が成果となっており, 何が課題になっているかを明らかにすることが大切である. こうした作業は, 論文の独自性 (オリジナリティ) の確保につながる[*4].

ちなみに, Wikipedia 等に代表されるように多様な情報を集積したオンライン上の百科事典は, オリジナルのデータや文章が不明な場合も多いため, 引用・参考文献に直接的に用いることはできない. しかし, 専門に関わる基礎知識を得ることや, 専門用語を理解するには大変便利である. また, 重要な文献が記されている場合も多く, 十分に利用価値はあるものと考える (石黒, 2019, pp.30-41).

②リサーチ・クエッションを立てる

リサーチ・クエッションとは, 研究を行う上での方向性を示す中心的な問いのことであり, 研究を具体的に進める前に, 何を明らかにしたいのかを明確にするための大切な手続きといえる. リサーチ・クエッションというネーミングにも見られるように, 研究の方向性を質問形式や仮説形式で考えていくことである. 福原 (2017, pp.88-117) によれば, よいリサーチ・クエッションの構造は, ア)

対象，イ）要因／介入，ウ）比較，エ）アウトカムの4つの要素が含まれている．例えば，優れた中堅教員は，体育授業においてどのような言葉がけをしているのか，ということを研究したいと考えた場合，こうした4つの視点を使って検討をしてみると，何をすべきかが見えてくる．

　具体的には，ア）対象は，教職経験15年以上の小学校教員，イ）要因は，体育授業に関連する自主研究サークルに定期的に参加しているかどうか，ウ）比較は，サークルに参加しない教職経験5年以下の教員，エ）アウトカムは，肯定的なフィードバック（ほめ言葉）があるかどうか，というように4つの視点から整理をしてみる．その結果，リサーチ・クエッションは，「体育授業の自主研究サークルに参加している教職経験15年以上の小学校教員は，サークルに参加しない5年以下の教員に比べて，体育授業中に肯定的フィードバックを多用しているかどうか」となる．このリサーチ・クエッションの手続きを入れることにより，研究の対象や方法が具体化されるため，研究を大きく進めるための第一歩といえる．

　なお，先行研究を調べ，リサーチ・クエッションを立てながら研究目的が絞られてくる過程の中で，常に意識しておかなければならないのは，研究自体の意味である．卒論や修論では，研究の意味が厳しく問われることはあまりないが，博論ではこの点が厳しく問われる．「このテーマを探求することの意味はどこにあるのか」といった問いは，簡単に答えの出せるものではない．しかし，個人的な興味関心にとどまっているのではなく，大きな学術的な潮流を踏まえながら研究の意味を説明できるようにしておく必要がある．

4 ― 論文の構成とその留意点

　学位論文の構成はさまざまあるが，基本的には以下の9つである．
　　(1)緒言，(2)先行研究の検討，(3)研究目的，(4)研究方法，(5)結果，(6)考察，(7)結論，(8)注釈，
　　(9)引用・参考文献
学位論文の執筆要項や指導教員の考え方によって(1)〜(3)をまとめて「研究の背景」「問題の所在」「はじめに」等と書く場合もある．また，(5)と(6)の項目をまとめて「結果と考察」とする場合もある．体育科教育学では，(5)と(6)を別項目として書く場合と，まとめて書く場合とがあり，いずれも間違いではない．さらに，(7)を「総括」「摘要」「まとめ」「結論と課題」とする場合もある．なお，(2)と(3)については，既に本章でも論じているため，ここでは，その他の点について触れることとする．ただし，紙幅の都合上，すべてを詳細に解説することはできないため，いくつかに絞り，その留意点を示すこととする．

①研究方法

　具体的なデータを生み出していく上で，重要な点は(4)研究方法である．これについては，別章でも触れられている通り，質問紙や行動分析，インタビュー法等がある．また，量的研究や質的研究，あるいは，文献研究やフィールドワーク等もあり，大変多岐にわたっている．いずれの研究方法を採用するにしても，目的に対応したものになっているかが大切である．例えば，「生徒の技能の実態を見る」という研究目的を掲げていても，実際の研究方法として質問紙調査だけであれば，研究目的と研究方法が一致していないことになる．両者のズレをなくしていくことが大切である．また，具体的に研究方法を検討していく上では，何（What）を対象とするのか，誰（Who）を，何人（How

many), 何回くらい (How often), いつからいつまで (When), どこで (Where), といった点に留意し
ていく必要がある. さらに, 調査の過程では授業の中身には立ち入らず, 普段通りの授業の実態を
見るのか (実態調査), 研究者が特定の教材や単元に介入し, その効果を検証するのか (介入調査), と
いった点も意識しておく必要がある.

　研究方法を検討する上で, 大きな手がかりとなるのが, 先述した通り, 先行研究である. 先人の
研究者たちが, どのような研究方法を使ってデータや文献を集め, どのような視点から分析をして
いるのかを知っておく必要がある. よくわからないときには先行研究の研究方法をそのまま真似し
てもよいし, 研究目的に対応して少し修正をしてもよい. ただし, 修正をしてしまうことで, 先行
研究と大きく研究の意味が変わってしまう場合もあるので, 修正をする際には, 指導教員と相談を
する必要がある. また, 目的に対応した研究方法が先行研究には見つからない場合には, いくつか
の先行研究を集めて, 新たな研究方法をつくってもよいと考える. さらには, 調査や分析を始める
前に, 研究方法の見通しを立てておくことが大切であり, しっかりとした枠組みや視点を定めてお
く必要がある. よくわからないがとりあえずデータをとるという考え方では, 研究がまとまらない
ばかりか, 何も成果を生み出さない可能性がある.

②結果と考察

　次に(5)結果と(6)考察についてである. 先述した通り, 体育科教育学では, この項目を別立てで書
く場合と, まとめて書く場合とがあるが, いずれにしても, 結果は, 調査から得られた事実のこと
である. つまり, データのことを指す. 考察は, その結果の背景にある要因を検討したり, 解釈を
したりすることである. 例えば, 結果は, 「事前調査では, ○○ポイントで, 事後調査では××ポ
イントであり, 検定の結果, 両者には有意差が見られた」である. 考察は, 「事前調査と事後調査
の間で有意差が見られた要因には, ……がある. また, この結果を先行研究の△△と比較すると,
同様のものであった」である. 一見すると, 結果と考察を区分けしていくことは難しくないように
思えるが, 多くの論文を添削したり, 審査したりしていると, 結果と考察が混在して整理できてい
なかったり, 思い込みで考察をしている事例は多く見られる. 例えば, 実験によるデータが事前調
査と事後調査との間でほどんと差がないのに, 執筆者の思い込みで「向上傾向にあった」と書いて
しまう事例は後を絶たない. 思ったようなデータが最初から出ることを期待して調査をしているが,
思ったようなデータがきれいに出る方がむしろまれであり, なぜ思ったようなデータが出ないのか
を考えたり, 別の視点から分析し直してみたりすることが大切である. 思い込みを断ち切り, 新た
な視点に立ってデータを見直せるかどうかである.

③結論

　最後に簡単に(7)結論について触れておく. 結論では, 目的に対応した内容を書くことが大切であ
り, 研究から生じた提言や示唆をしても構わない. ただし, 論文の結果や考察とは直接関連しない
教育論や授業論を展開することは控えるべきである.

5 ― まとめに代えて

　学位論文を仕上げていくことは, 容易なことではなく, 多くの時間と労力を要するものである.

とりわけ，大学院における修論や博論では，論理の一貫性や独自性，さらには，信頼性，客観性，妥当性など，高いレベルが要求されている．学生は，学位論文執筆の過程で，うまく文章が書けない，まとめられない，データが出ないといった経験をする中で，焦燥感，劣等感，孤独感等，さまざまな心理的葛藤を抱える場合もある．しかし，こうした経験を乗り越える中で，論理構成能力や批判的思考力は身についていくものと考える．

　なお，ここで紹介したことは，専門とする研究分野によって，その進め方が大きく異なるため，指導教員と話し合いながら展開をしていくことが大切である．

（近藤智靖）

注

＊1　博士の学位の取得方法は主に2種類あり，1つは，大学院の博士後期課程の学修を経て，博士論文を執筆する方法である．これを課程博士（通称，課程博）と呼んでいる．一方で，博士後期課程の学修を経ずして，博士論文のみを執筆して学位を取得する場合もある．この場合，学位を授与する大学や研究機関の定める厳しい基準を超えていることが要件となる．これを論文博士（通称，論博）と呼んでいる．

＊2　多くの体育・スポーツ系あるいは教育系の学部や大学院では，学位を取得するのにあたって学位論文が必修となっているが，近年では，こうした学位論文を要件としていない機関も珍しくない．とりわけ，学部や教職大学院等では，学位論文を執筆するか否かについては，その機関の判断に任せられている．

＊3　河野（2018, pp.34-35）によれば，レポートは，論文の一形態であるものの，出題者である教員によってテーマあるいは問題が定められており，講義の理解度を見ることが大きな目的となっている．

＊4　先行研究を要約したり引用したりした場合には，必ず引用・参考文献を本文中や巻末に記し，著作権に抵触することがないようにすることも大切である（独立行政法人科学記述振興機構HP, 2011）．

文献

1)　独立行政法人科学技術振興機構HP（2011）参考文献の役割と書き方 科学技術情報流通技術基準（SIST）の活用．https://jipsti.jst.go.jp/sist/pdf/SIST_booklet2011.pdf（参照日2020年11月19日）．
2)　福原俊一（2017）リサーチ・クエッションの作り方 第3版〜診療上の疑問を研究可能な形に〜．特定非営利活動法人健康医療評価研究機構：京都．
3)　石黒圭（2019）この1冊できちんと書ける！ 論文・レポートの基本．日本実業出版社：東京．
4)　河野哲也（2018）レポート・論文の書き方入門 第4版．慶應義塾大学出版会：東京．

第6章

現職教員における研究とその方法

1 ― 現職教員における研究とは

　現職教員の仕事は授業実施と児童生徒指導，校務分掌による業務等多岐にわたるが，それらの主たるものはやはり日々の授業となろう．授業の準備をして授業に臨み児童生徒の反応や感想などを材料に自身の取り組みを振り返り，事実に基づいた評価を通して次の授業に向けて改善点を把握する．そしてまた次の授業に臨むという繰り返しをしながら授業実践を進めている．

　この取り組みを支えているのは，児童生徒への学習成果の保障を目指す教員一人ひとりの責任感や使命感である．もちろん日々の授業実践は当然の仕事ではあるもののひとまとまりの単元が終われば授業実践が終わるわけではなく，次なる単元の実施に向けてまた準備が始まる．こうした取り組みは終わることのない営みであり，また現職教員のみに許された創造的な営みともいえよう．この点から，授業実践こそ現職教員の研究活動の中心であると考えたい．

　ところで学校現場における実践研究は主に授業研究全般を対象に進められている．具体的には，教材選定〜教材研究，学習指導計画作成，授業実施とその省察，などが全体的に対象とされている．教材研究と呼ばれる授業実践上の準備過程を通して実践する授業が学習者にどのような学習成果をもたらすのか，を見通しながら効果的な授業展開を目指して授業実践を進めることが通例であり，こうした過程は各教科においてもほぼ同様に見られる．ここでは学校現場での具体的な取り組みである「授業づくり」を例に，体育科・保健体育科の教科特性を踏まえ，その実際を明らかにすることとする．

2 ― 現職教員による研究の実際

(1)実践研究の目的(「何のために」研究するのか)

　体育科・保健体育科の教科特性は身体を伴う活動を通した学習である．体育科を研究する教員の関心は児童生徒の知識・技能や思考・判断の変容に寄せられ，運動や技などの学習成果から「できる」や「わかる」がどのように学習可能性を有しているのかが中心的な内容であるといえる．授業内容は概ね実技を伴い学習者の学習成果，特に技能面が注目されるのは当然ともいえる．児童生徒

の技能向上を意図し授業実施によって習熟や変容の状況から明らかにされる．このことが授業実践を進める上での中心課題として設定される．

この課題解決を進める際には仮説立案とその検証を行うという手続きが示され，またその検証方法が妥当なものかを明確にすることも同時に求められる．

つまり授業研究を進めるためには，授業者（現場教員）自身に「研究とは何か」「何を明らかにするための研究か」が認識されること，また科学的な知見に基づく手法や先行研究で明らかとなった手法の存在を十分認識することが重要である．その整備が実践の結果について確かさの度合いを高めることにつながる．

（2）実践研究の対象（「何を」研究するのか）

これまでの授業研究ではこうした検証方法や省察についての手法がややあいまいでありむしろ授業者の経験則が重視された感がある．つまり授業実践の成果を検討する場においても，適切な手法が用いられず感覚的な協議やそれを経た共有に終始することが多かった．こうした課題を解決するため，「よい体育授業とは何か」を問いその要件を明らかにする試みがなされてきた．

例えば高田典衛（1979, p.19）は，よい体育授業の要件を「精一杯運動させてくれる」「ワザや力を伸ばしてくれる」「友人と仲良く学習させてくれる」「何かを新しく発見させてくれる」とした．また，高橋健夫（1994, pp.10-24）はよい体育授業を「目標が達成され，学習成果が十分あがっている授業」とし，その成立のためには基礎的条件と内容的条件があることを主張している．さらに「授業の雰囲気と勢い」をその具体的な表れとし，体育授業を「学習指導」「マネジメント」「認知学習」「運動学習」の4場面に分類し時間量から「よい体育授業」のあり様を明らかにした．こうした手法を採用した授業研究が大学の研究者との共同作業によって各所で進められるようになった．そこで，授業の3要件である「教師」「学習者」「教材」を対象として授業に表れる事実を分析・解釈することが求められるようになった．そのそれぞれを対象とした授業研究の概要を示すこととする．

①教師を対象に

現場教員の関心は学習者の学習成果を高めることのできる授業の実施であり，研究対象は教師，例えば教師行動や教師がとる教授技術にある．

教師行動は，学習者に対してどのような働きかけをしているのかによって明らかにされる．こと，体育授業においては実技を内容とする授業が主であるため，教師による学習者への適切な働きかけが体育授業の成否につながり，教師の動きいかんによって授業はよくも悪くもなると捉えられる．教師の働きかけには直接的／間接的，言語／非言語など対の関係で見られるものが多く，これらを効果的に使い学習成果を高めるのが力量のある教師と受け止められることになる．

②学習者を対象に

体育授業では児童生徒の体育授業そのものや取り上げる運動の好き嫌いや得意不得意などを調査し，学習者のレディネスをベースとして計画が進められる．

体育授業では，意欲あふれる子，そうでない子の姿が他教科に比べ見取りやすい．地域のスポーツ活動やスポーツクラブなど，任意に参加する参加者を対象として実施する活動とはこの点で大いに異なる．体育授業を通した学習者の変容の事実を明らかにすることが，授業実践の成否を示すことになる．

③教材・教具を対象に

　岩田靖（2010）は教材と教具の違いを次のように記している．教材とは学習内容を習得する手段であり，その学習内容の習得をめぐる教授＝学習活動の直接的な対象になるものである．教具は学習内容の習得を媒介する教材の有効性を高めるための手段として用いられる物体化された構成要素である．

　このような解釈が必要とされるのは2つの用語の意味の混同にあり，岩田の説明は両者の区別を促す上で重要な指摘である．この点を踏まえ，教材・教具の学習成果への影響を明らかにすることが授業実践の成果を左右するといえる．

　これまでの研究から有意な成果を生み出す典型的な教材が明らかになっており，それらを先行研究と位置づけ，学習者の実態に即した修正と実践を進めていく例は多い．またその成果を生み出す教具の役割に対しても関心は高い．

（3）実践研究の組織（「誰と」研究するのか）

①勤務校の研究同人と

　この場合，実践研究は学校の同僚と組織的に行うものであり，通常「校内研究」「現職教育」などと呼ばれる．（1）年間の研究計画を策定し日程や授業者を調整して研究活動に取り組むが，研究推進にあたるのは校内の組織（「研究部」「研究推進部」など）である．各学校では図1に示された通り複数の校務分掌によって組織をつくって学校運営を進めており，学校研究の組織はあくまでも一分掌であることを理解する必要がある．また研究テーマなどは，教科研究だけでなく合科的横断的な内容であったり多様な教育課題に関する内容であったりする．まさに内容は多岐にわたり，時に個人の興味関心から離れた内容になることもある．

②研究サークルの仲間と

　研究サークルによる研究活動は，教科などの共通のテーマや内容を対象にした活動であり，教員

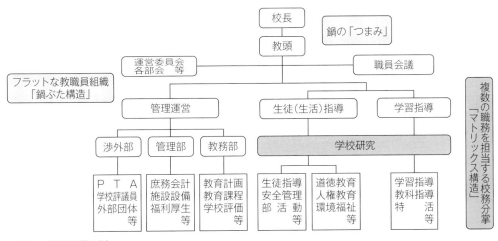

図1　学校組織の例

を中心に組織された集団によって行われる．日本国内には実に多くの研究サークルがあり，1人の教員が複数のサークルに所属している例も少なくない．その理由はあくまでも本人の意思によって参加しているところにある．自身の問題関心や研究意欲を満たしていける仲間とともに，研究の手法や方策などを自由に論議し進めていくところにこの研究の特色がある．

　またこのような研究サークルは，研究の蓄積を実践記録や論稿としてまとめ，書物にまとめたり研究誌に投稿したりして成果を世に問うような取り組みも行っている．

③大学等の研究者と

　この場合，現場教員と研究者双方の問題関心が概ね合致した中で両者が主体的かつ協働的に実践研究が進められる場合と，研究者の研究仮説に基づき研究計画がつくられ，その方針のもとに現場教員が授業を行い，さまざまなデータや資料を情報提供するような形式での研究の両者が想定される．

(4)研究成果(「研究紀要」など)の位置づけ

　各学校において1年間の研究成果は「研究紀要」としてまとめられる(図2)．次年度へ引き継ぐ研究課題はこの紀要の中で明らかとなり，この意味でも研究紀要は重要な役割を果たすと考えられる．

　しかしながらこの研究紀要が「研究のまとめ」としての位置づけだけになり，教員の意識も紀要をつくることにのみ向けられることが多い．研究紀要の完成のために実践研究が進められるという流れは，本来の研究成果の示し方とは逆方向となっていることになる．研究紀要の完成こそ研究の目的であるような状況は学校現場においてはよく見られ，刊行された時点で意識が途切れてしまうということになる．学校内の授業実践を整理し次につなげるためには，次年度の研究計画や授業実施計画まで作成することが必要であろう．それによって次年度への引き継ぎや研究上の課題が明確になっていくのではないだろうか．

図2　研究紀要の表紙

　なお，学校での共同研究以外の個人的な取り組みについても触れておく．現場教員が一定期間職場を離れての研修制度を採用する自治体があり，その多くは大学や教育機関との連携を図っている．研究成果は報告書という形で作成され，関係機関に教員から提出される．また授業実践の成果を中心として学術誌等へ投稿するといった方法も検討されてよいだろう．

3──学校現場での実践研究を進める上での留意点

　学校現場での授業実践に関するものと限定し，いくつかの課題を示す．

（1）先行研究の明示

　その1つが先行研究に関する非明示である．筆者に限らず多くの実践者が取り組んできた授業実践は，これまで先人が実践してきた授業の成果や課題を検討した上で行われている．つまり先行実践に学び，そこからいくつかのヒントを得て授業化したものといえる．これは一般的な研究の作法として重要視される先行研究の検討と同義である．しかし学習指導案の作成にあたってはこうした作業が行われているにもかかわらず，それが明示されることがほとんどない．このままではその授業がまったくの新規な取り組みであると捉えられ，それこそがオリジナリティある実践と誤解されるであろう．授業実践が授業研究へと価値を高めていくためには，こうした研究上の作法を踏まえることが求められる．

（2）事例研究の可能性と限界

　1つの体育授業を2人の教員が同じ方針で実践した場合に得られる結果は異なったものであることが多い．また1人の教員が同じ内容の授業を別の集団で行った場合も同様であろう．その意味で「授業は再現不可能」な取り組みである．

　ではこうした取り組みに研究としての意味を付与するにはどのような手続きが必要であろうか．その1つは，あくまで事例研究であることを前提にすることである．この授業実践がもたらした成果は，対象となる集団が異なったり教員が複数であったりということから，異なる結果を生むことがあり得る．それが授業を対象とした実践研究の特徴であるため，1つの成果から全てを語ること自体にさほどの意味を持たないことを明示することが重要である．その上で一定の方針で整理し一般化の可能性を示すことが重要である．

（3）研究成果の公表について

　児童生徒への倫理的配慮には特段の注意が求められる．この点について，日本体育科教育学会は2013年に制定した「研究倫理綱領」において以下のように示している．

　　第1条　人権の尊重
　　第2条　研究と教育にかかわる者としての自覚と責任
　　第3条　研究・教育活動の対象者に対する配慮
　　第4条　研究・教育活動の実施と公表にともなう責任
　　第5条　倫理の遵守
　　第6条　倫理綱領の徹底に関する学会の責任

　現職教員が特に意識すべき条項が第3条であり「日本体育科教育学会会員は，研究・教育活動の対象者の人権を尊重し，個人の自己決定，情報などの秘密保持，プライバシーに配慮しなければならない．研究・教育活動の実施においても公表においても，個人に身体的苦痛や心理的苦痛をあたえることがあってはならない」としている．

　近年，児童生徒の個人的情報や肖像権に関して本人もしくは家族の同意が必要とされ，学校のHP等でインターネット上に掲載する場合は個人名を伏せたり児童が特定されないよう画像を加工修正したりする配慮がなされている．授業に関する研究や児童の継続的・抽出的な観察を通した研究など，研究としての意義や価値は認められるものの，いわゆる安全性を担保することは重要であ

る.

　大学等研究機関においては倫理委員会などを設置し，研究に関する事前審査を必須とする手続きがなされている．学校現場にはそうした機関はなく，個人の研究に関する意識に頼らざるを得ない．

　今後は以上の手続きを進めるための過程を明確にして対応を検討する必要があろう．

4──参考となる論文

⑴大後戸一樹・木原成一郎・加登本仁（2009）小学校の体育授業における児童の運動技能の評価に関する実践的研究─教師による評価と児童の自己評価及び相互評価に着目して─．体育科教育学研究，25(2)：1-14.

　小学校低中高学年の児童を対象に，児童と教師の評価活動と技能向上との関係から，その適切さや技能習熟の変容を検討した研究である．

　体育授業における評価は重要である．その妥当性や技能への影響，学年発達との関連や児童の評価への意欲と適切さとの関連について，本研究は学年による指導内容や期待される児童自身もしくは相互の評価活動について，技能習熟や変容の実際から可能性を明らかにしている．グループでの学習が多く用いられる体育授業において，本研究の成果は教師の役割や学習集団のあり方を考える指針となるものである．

⑵伊佐野龍司・内田雄三・鈴木理（2011）小学校体育授業における意味生成過程─セストボールを対象として─．体育科教育学研究，27(2)：1-17.

　本研究は小学校5年生のセストボールの授業を対象とし，その授業に立ち現れた事実からよりよい授業を模索する授業者のねらいや意図に迫り，ボールゲームの学習内容に児童がどう迫っているかを追った研究である．

　小学校現場で実践可能な研究の1つに参与観察による研究がある．丁寧に児童の授業の事実を記述し，分析と解釈を施しながら授業の意図やねらいに迫ろうとする研究である．本研究では該当の授業実施の前から対象学級での参与観察を行い，豊かな解釈を図る手立てを講じている．現場教員の授業研究を支える上で，質的研究の可能性を示した研究である．

（内田雄三）

文献

1)　岩田靖（2010）体育の教材・教具論．高橋健夫ほか編著，新版 体育科教育学入門．大修館書店：東京，pp.54-60.
2)　高橋健夫（1994）体育の授業を創る．大修館書店：東京．
3)　高田典衛（1979）実践による体育授業研究．大修館書店：東京．

第7章

研究としての質保証と配慮事項

1 — 研究の妥当性・信頼性の確保

ここでは，体育科教育学の研究方法として用いられることの多い量的研究および質的研究の妥当性・信頼性を確保するための手続きや配慮事項を確認していく。

（1）量的研究の妥当性と信頼性

以下では，トーマス・ネルソン（1999）およびシーデントップ（1988）を参照して記載する。

① 量的研究の妥当性

量的研究の内的妥当性とは，「結果がどの程度その研究で施された処置に帰せられるかを指」（トーマス・ネルソン，p.26）し，外的妥当性とは「結果を一般化できるかどうかに関すること」（トーマス・ネルソン，p.27）といわれる．

内的妥当性に関して，例えばA小学校6年生A学級の8授業時間を対象として指導法Xの技能獲得に対する効果を明らかにしたいという研究を実施したとしよう．A学級に対して単元前後に行った技能得点を分析した結果，A学級の平均点は，40点から70点に飛躍的に伸びた．だが，この単元後に，B小学校の6年生との対抗戦が設定されており，A学級では，昼休みと放課後に，体育館で特別練習を行っていた．この場合，A学級の平均点30点の伸び（結果）は，指導法X（その研究で施された処置）による（帰せられる），といえるだろうか．この研究からは，指導法Xの効果が明らかにされたとはいえない．これは，研究の内的妥当性を脅かす例である．

他方，外的妥当性に関して，例えばC小学校において同様の研究を実施した．今回は，他小学校との対抗戦はなく，特別練習もなかった．その状況で，技能得点の平均点が30点向上した．だが，この研究は，夏休みに希望児童12名のみを対象にして，月，水，金の10時から，空調の効いたすばらしく設備が整った県立体育館で実施されていた．確かに効果があり，かつ，内的妥当性は高いかもしれない．しかし，指導法Xの効果（得られた結果）は，普通の小学校の体育授業でも同様に得られる（一般化）とはいえない．これは，外的妥当性を脅かす例である．

② 量的研究の信頼性

量的研究の信頼性は，どのようなデータをどのように確保したか，が問題になる．例えば，体重

のデータを得たいと考えた場合，その体重計という測定装置の信頼性の問題がある（トーマス・ネルソン，p.26）．

　あるいは，データ収集に関する信頼性の問題として，得られたデータをその数値通りに集計表に記載したか，調査紙に回答を記入する際にプレッシャーはなかったか，質問項目の意味をきちんと理解して記載したか，などがある．

　特に，体育授業を評価する方法として，観察法が挙げられる．これらに関して，伝統的には，授業の熟練者の観察に基づく直感的評価，あるいは，根拠が整理されていないような観点からの観察者によるチェックリストと評定尺度等がある．これらの伝統的な評価法は組織的観察法に補足的に活用される場合に意義がある（シーデントップ，pp.270-272）．組織的観察法には，イベント記録，期間記録，間隔記録，集団的時間標本法，自己記録等がある．ただし，これらの組織的観察法では，観察カテゴリーが十分に検討されていない場合，観察で得られたデータの信頼性は低くなる場合がある．

　さらに，これらの組織的観察法を適用して観察データを産出するのは人間であるので，あるカテゴリーの数値が変動した理由が，観察する人間のブレによるものではない，ということを明確に示す必要がある．このことを示すためには，観察者の信頼性を測定しておく必要がある．

　通常，観察者の信頼性については，2名の観察者が，ある同一の観察対象を観察した際に，お互いに相談することなくある行動が起こったと判断したかどうか，で判定される．得られたデータを用いて，以下の式を適用して，観察者2人の判断の一致率を算出し，80%以上であった場合，観察者としてデータを産出することができると考えられている（シーデントップ，pp.289-296）．

$$一致率＝（一致数／（一致数＋不一致数））×100（\%）$$

（2）質的研究の妥当性と信頼性の確保

　以下では，Lincoln and Guba（1985），メリアム（2005），大友ほか（2002）および四方田ほか（2015）を参照して記載する．

① 質的研究の妥当性

　質的研究の妥当性を判断する指標として，量的研究と同様に，内的妥当性と外的妥当性の2つが挙げられている．

　内的妥当性は，研究結果と現実の対応関係を問題にする．調査結果はそこで本当に起こっていることを捉えているか，また調査者は，調査者自身が測定していると思っていることを観察したり測定したりしているかが問題にされる（メリアム，pp.166-170）．

　内的妥当性は，長期の観察・従事，トライアンギュレーション，仲間同士での検証，同僚への報告，否定的な事例の探索，そして，メンバーチェック等の手続きによって高めることができると考えられている（Lincoln and Guba, 1985; メリアム, 2005）．

　長期の観察・従事は長期間にわたる観察によって参与者に対する観察者の影響を減少させ，参与者を深く理解しようとする手続き，同僚への報告は研究の全ての過程を通して異なる研究の立場をとる研究者から助言を受けたり，データを批判的に解釈してもらい論議を行ったりする手続き，また，メンバーチェックは教師のインタビューを書き起こし，そこに間違いはないかを直接教師本人に確認する手続きである．

特に，信頼性，妥当性を高めるために最もよく利用された方法がトライアンギュレーションである．「トライアンギュレーションという用語は，測量学の領域からの借用で，研究者の結論を実証するために複数のデータ源を利用することを指す．トライアンギュレーションは，質的研究を行なう人が自らの解釈の正しさを検証する1つの手段であり，質的研究における妥当性や信頼性を確立するために用いられる」（トーマス・ネルソン, pp.437-438）．

　さらに，「否定的な事例選択 (negative case selection) も，理論化の際には必要である．この手続きの中で，研究者は仮説的構成概念に照らして例外を探す．例外は，仮説の再構成，現象の範囲の再限定，あるいは状況の制限を促すことになる」（トーマス・ネルソン, p.439）．量的研究では，反証事例の存在をあらかじめ想定し，それを危険率で示す．質的研究では，否定的な事例の有無で理論の妥当性を検討する．

　他方，外的妥当性とは，1つの研究の結果がどの程度一般化されるのかを判断する指標である（メリアム, pp.173-177）．「質的研究における外的妥当性に関する最も大きな議論の1つは，利用者（読者）の一般化可能性 (user generalization) の概念である．読者は，注意深く記述され，解釈された研究の成果を評価し，自分自身の状況に何が適用できるかを考える．したがって，一般化するのは著者ではなく，その研究成果の利用者である (Peshkin, 1993)」（トーマス・ネルソン, p.442）．このように，研究結果の受け入れを決定するのは利用者（読者）であり，研究結果の一般化は利用者（読者）によって決定される，と考えられている．

　外的妥当性を高めるための手続きとしては，豊かで，分厚い記述，マルチサイト・デザイン等が挙げられる．豊かで，分厚い記述とは，「十分に豊かな記述により，読者が，自分たちの状況が調査状況とどれほどマッチしているか，そしてそれゆえ，結果を委譲できるかどうかを決められるようにする」ための手続き，マルチサイト・デザインとは，「複数の調査地やケースや状況を用いるもので，とくに関心対象の現象の多様性を最大限にするようなものを用いることがある」といわれている．

② 質的研究の信頼性

　質的研究の信頼性は，外部信頼性と内部信頼性の2つの方法から判定される（トーマス・ネルソン, pp.253-255）．

　内部信頼性とは，観察者間の一致を意味する．すなわち，同じ事象を異なる観察者が記述する際の一致度がその指標になる．内部信頼性を高める手続きとしては，調査者の立場（メリアム, 2005）を明確にすること，トライアンギュレーション（メリアム, 2005）が挙げられている．

　外部信頼性とは，参与者が調査者に対して「嘘」のないデータを提示したか否かを判断する指標である．例えば，参与者が極度の緊張状態にあるインタビューでは，参与者が本当のことを語らない可能性がある．あるいは，インタビューの質問項目の設定の仕方によっては，調査者の意図した回答を参与者から意図的に誘導する危険がある．研究者の地位，参与者の選択，社会的状態，構成概念と前提，データ収集の方法が外部信頼性に影響を与えると考えられている．外部信頼性を高める手続きとしては，監査証跡が挙げられる (Lincoln and Guba, 1985; メリアム, 2005)．

　優れた量的研究，あるいは，質的研究を行うためには，内的妥当性および外的妥当性を高めるように設計することが必要である．

2──統計的な分析と結果の解釈

ここでは，統計的な分析およびその結果の解釈の手続きを確認していく。

(1) 統計的な分析

一般にデータは，「①仮説を設定する，②データを集める，③目的に応じてデータ処理（統計処理・分析・データ解析）をする，④処理した結果をまとめて仮説を検討する」（岩淵, p.38）というステップを踏んで処理される。次に，「データを統計的に処理するには，何をしたいのかを明確にすることが必要」である。知りたいことは，何か（データの特徴，変数間の相違，変数間の関連等）を明確にし，数値データのレベル（尺度），変数の数，変数間の対応，想定される分布等を踏まえて，データ処理方法を選択する（表1. 岩淵, p.41）。これらを参考として，他の書籍を踏まえて分析を行っていただきたい。

表1　目的・変数の数──データの種類別による主なデータ処理方法（岩淵, p.41から引用）

データ処理の目的	同時に分析する変数の数	データの種類			
		質的データ（N：名義尺度　R：順序尺度）		量的データ　（感覚尺度・比率尺度）	
		対応なし	対応あり	対応なし	対応あり
データの特徴を知る	1	度数分布表　ヒストグラム		度数分布表　ヒストグラム 平均　分散　標準偏差 母平均と母分散の推定と検定	
	3以上	数量化Ⅰ類N　数量化Ⅱ類N 数量化Ⅲ類N　数量化Ⅳ類N 潜在構造分析N	多次元尺度法	因子分析　主成分分析 クラスター分析 　　　　　　　（多変量解析）	
変数間の違いを調べる	1	2項検定N　χ^2検定N 適合度の検定R　ラン検定R		正規分布・t分布を利用した検定 χ^2分布を利用した検定	
	2	χ^2検定N 直接確率法N メディアン検定R U検定R ラン検定R モーゼスの検定R	マクマネーの検定N サイン検定R サインランク検定R	ランダマイゼーション検定 2つの平均値の差の検定 　　　　　　　　（t検定） 2つの分散の差の検定 　　　　　　　　（F検定）	ランダマイゼーション検定 ワルシの検定 対応のあるt検定
	3以上	χ^2検定N メディアン検定の拡張R クリスカル・ワリス検定R	コクランのQ検定R フリードマン検定R	コクラン検定 バートレット検定 分散分析（ANOVA） 多重比較	繰り返しのある分散分析 共分散分析 　　　　　　　（ANCOVA） 多変量分散分析 　　　　　　　（MANOVA）
変数間の関連を調べる	2	独立係数N　点相関係数N・R スピアマンの順位相関係数R ケンドールの順位相関係数R	点双列相関係数N・R　相関比	回帰係数　散布図 四分相関係数　双列相関係数 ピアソンの偏差積率相関係数（r）	
	3以上	一致係数R		重相関係数　偏相関係数 重回帰分析　正準相関分析 判別分析　共分散構造分析（LISREL） 　　　　　　　（多変量解析）	

（2）結果の解釈

　統計的な分析で得られた結果は，表，あるいは，図で表現し，解釈する．

　結果の解釈とは，なぜそのような結果が得られたのか，を合理的に説明することである．例えば，指導法Pの効果を調べた結果，学習成果が高まったとしよう．指導法Pには，ほめる場面が多用されていた．ほめられることによりモチベーションが高まることは既に知られている（既知）．学習成果が高まった理由について，その既知の情報を使って解釈をする．具体的には，指導法Pには，ほめる場面が多用されていた．学習者はほめられることにより自分のモチベーションが高まるため，積極的に運動に取り組んだ，その結果として，学習成果が高まった，等が結果の解釈の例である．

3── 研究方法の開発

　研究方法は，研究目的を達成するために選択されたり，開発されたりする．これまで，体育授業に関してさまざまな尺度（質問紙）が開発されてきた．

　1学期間あるいは1単元等，比較的長期間の変化を測定するために，小林（pp.169-222），梅野・辻野（1980），高橋ほか（1986），奥村ほか（1989），岡沢ほか（1996），高田ほか（2000），日野ほか（2000）等によって開発された尺度がある．また，1時間の変化を測定するために，小林（pp.223-258），長谷川ほか（1995），松本ほか（1996），小松崎ほか（2001）等によって開発された尺度がある．

　研究目的に合致した尺度がない場合，尺度の開発を行う．研究の質を保証する上で，開発した尺度の妥当性を確保することは極めて重要である．

　尺度の妥当性については，伝統的観点から，基準関連妥当性，内容的妥当性，および構成概念妥当性から検討される（表2. 清水, 2005）．このような妥当性の考え方は，妥当性の三位一体観（村山, 2012）といわれている．

　近年，尺度の妥当性に関して，「1980年代以降の妥当性研究では，こうした妥当性のタイプ分けは適切ではなく，『構成概念妥当性』という考え方にすべての妥当性は収斂するという考え方が主流である（単一的な妥当性概念）」（村山, 2012）といわれている．

　体育授業の改善に向けて，尺度の妥当性を確保しながら，多様な尺度の開発が求められる．

　また，研究方法には，尺度の開発ばかりでなく，学習者行動，あるいは，教師行動を対象とした観察分析方法，また，授業の全体的評価による研究方法の開発も求められる．これらに関しては，

表2　伝統的観点からの妥当性の分類（清水, 2005から引用）

基準関連妥当性	
併存的妥当性	そのテストが，同時に測定されるある基準をどれだけ適切に推定しているか．当該テストとほぼ同時に収集された基準との相関により検証.
予測的妥当性	そのテストが，そのテスト実施以降の変化等をどれだけ適切に予測しているか．当該テストと，それより後の基準との相関により検証.
内容的妥当性	そのテストを構成している項目が，全体を偏りなくどれだけ適切に代表しているか，また構成概念をどれだけよく反映しているか．その分野の専門家により判断，検証.
構成概念的妥当性	そのテストが，測定しようとする構成概念や潜在特性をどれだけ適切に反映しているか．因子分析や相関などの種々の検証方法がある.

高橋（2003）に詳しく記載されている．また，質的研究に関する研究方法の開発に関しては，「第1節　（2）質的研究の妥当性と信頼性の確保」を参照いただきたい．

4──研究倫理への配慮

　科学者が責任ある研究活動を行う理由について，「科学者自身が自律的に行動することにより，外部からの過剰な干渉を受けることなく，自由な研究と科学の独立性を保つことが可能になる」といわれる（日本学術振興会「科学の健全な発展のために」編集委員会，2015）．

　研究は，研究倫理に配慮して行わなければならない．倫理，道徳，規範，原理等の言葉の意味を踏まえると，研究倫理は，研究に関わる行為の善悪を判断する基準，あるいは，研究者相互間の行為の善悪を判断する基準として，一般に承認されている則るべききまりの総体，と理解してよいと考えられる．

　研究倫理は，研究計画を立てる場面，研究を進める場面，あるいは，研究成果を発表する場面等，研究を推進するあらゆる場面において存在する．

　具体的には，利益相反への対応，また，インフォームド・コンセント，個人情報の保護およびデータの収集・管理・処理の必要性，加えて，研究不正行為としての捏造，改ざん，盗用，さらに，オーサーシップ，二重投稿，サラミ出版，著作権等があり，それらへの理解が必要である．

　体育科教育学に関わる科学者は，日本学術会議，所属研究機関，日本体育学会および日本体育科教育学会が公表している研究倫理，加えて自然科学分野ではヘルシンキ宣言（日本医師会，2013）等を踏まえての研究推進が必要である．

（大友　智）

文献

1）　長谷川悦示・高橋健夫・浦井孝夫・松本富子（1995）小学校体育授業の形成的評価票及び診断基準作成の試み．スポーツ教育学研究，14(2):91-101.

2）　日野克博・高橋健夫・八代勉・吉野聡・藤井喜一（2000）小学校における子どもの体育授業評価と学級集団意識との関係．体育学研究，45:599-610.

3）　一般社団法人日本体育学会（2018）一般社団法人日本体育学会研究倫理綱領．https://taiiku-gakkai.or.jp/wp-content/uploads/2018/06/kenkyurinrikouryou.pdf（参照日2020年11月19日）.

4）　岩淵千明（2000）データとデータ処理─数値データおよびデータ処理（統計）の基本的な考え方と概念．岩淵千明編著．あなたもできるデータの処理と解析（初版6刷）．福村出版：東京．pp.11-50.

5）　小林篤（1978）体育の授業研究．大修館書店：東京．

6）　小松崎敏・米村耕平・三宅健司・長谷川悦示・高橋健夫（2001）体育授業における児童の集団的・協力的活動を評価する形成的評価票の作成．スポーツ教育学研究，21(2):57-68.

7）　Lincoln, Yvonna S. and Guba, Egon G. (1985) Naturalistic Inquiry. Sage Publications. Newbury Park, CA.

8）　松本富子・高橋健夫・長谷川悦示（1996）子どもからみたダンス授業評価の構造：中学校創作ダンス授業に対する評価の分析から．スポーツ教育学研究，16(1):47-54.

9）　メリアム，シャラン B.（2005）質的調査法入門：教育における調査法とケース・スタディ（初版第2刷）．堀薫夫・久保真人・成島美弥訳（Qualitative Research and Case Study Application in Education; Revised & Expanded by Sharan B. Merriam. 1988 by John Wiley & Sons, Inc.).ミネルヴァ書房：京都．

10) 村山航(2012)妥当性―概念の歴史的変遷と心理測定学的観点からの考察.教育心理学年報,51：118-130.

11) 日本学術振興会「科学の健全な発展のために」編集委員会(2015)科学の健全な発展のために―誠実な科学者の心得―.https://www.jsps.go.jp/j-kousei/data/rinri.pdf(参照日2020年11月19日).

12) 日本医師会(2013)ヘルシンキ宣言(和文)日本医師会訳.https://www.med.or.jp/doctor/international/wma/helsinki.html(参照日2020年11月19日).

13) 日本体育科教育学会(2013)日本体育科教育学会研究倫理綱領.http://jsppe.gr.jp/kaisoku02.html(2020年11月19日参照).

14) 岡沢祥訓・北真佐美・諏訪祐一郎(1996)運動有能感の構造とその発達及び性差に関する研究.スポーツ教育学研究,16(2)：145-155.

15) 奥村基治・梅野圭史・辻野昭(1989)体育科の授業に対する態度尺度作成の試み：小学校中学年児童について.体育学研究,33(4)：309-319.

16) 大友智・吉野聡・高橋健夫・岡出美則・深見英一郎・細越淳二(2002)米国における質的体育授業研究の「目的」及び「方法」の特徴：JTPE誌の研究例の分析から.スポーツ教育学研究,22(2)：93-113.

17) 清水裕子(2005)測定における妥当性の理解のために―言語テストの基本概念として.立命館言語文化研究,16(4)：241-254.

18) シーデントップ(1988)シーデントップ 体育の教授技術.訳者代表高橋健夫.大修館書店：東京.

19) 高田俊也・岡沢祥訓・高橋健夫(2000)態度測定による体育授業評価法の作成.スポーツ教育学研究,20(1)：31-40.

20) 高橋健夫・鐘ヶ江淳一・江原武一(1986)生徒の態度評価による体育授業診断法の作成の試み.奈良教育大学紀要(人文・社会),35(1)：163-181.

21) 高橋健夫編著(2003)体育授業を観察評価する.明和出版：東京.

22) トーマス・ネルソン(1999)最新体育・スポーツ科学研究法.大修館書店：東京.

23) 梅野圭史・辻野昭(1980)体育科の授業に対する態度尺度作成の試み：小学校低学年児童について.体育学研究,25(2)：139-148.

24) 四方田健二・須甲理生・岡出美則(2015)英文学術誌掲載論文における体育科教師教育研究の研究方法の動向：2002年-2011年の10年間を対象として.体育学研究,60：283-301.

第3部

体育科教育学研究の典型事例

第1章　教育課程・カリキュラム研究 ……………………………………… 丸山真司

第2章　教材研究 ……………………………………………………………… 岩田 靖

第3章　授業研究 …………………………………………………………… 大後戸一樹

第4章　教師行動研究 ……………………………………………………… 深見英一郎

第5章　学習者行動研究……………………………………………………… 鬼澤陽子

第6章　評価研究 ……………………………………………………………… 梅澤秋久

第7章　歴史研究・実践史研究 …………………………………………… 中瀬古哲

第8章　教師教育研究 ……………………………………………………… 岩田昌太郎

第9章　ライフヒストリー研究 …………………………………………… 木原成一郎

第10章　体育科教育と関連する領域の研究 ………………………………… 神谷 拓

第3部のねらい

第1部，第2部での学びの応用問題として，体育科教育学研究における10の典型的な研究事例を掲げた．各事例では体育科教育で生起している問題や課題に先人たちがどのように迫り，何を明らかにしてきたのか，また残された課題は何なのかが具体的に記してある．ここでは，そうした各事例を読み解いていく中で，研究を進める際の視点を得ることを目指す．

第**1**章

教育課程・カリキュラム研究

1 — 体育における教育課程・カリキュラム研究の概観

　ここでは，戦後の学校体育における教育課程・カリキュラムに関わる研究（以下，カリキュラム研究とする）について概観してみたい．

(1) 戦後「新体育」「生活体育」時代のカリキュラム研究

　戦後，我が国の体育は，児童中心主義，経験主義，活動主義，生活中心主義という要素によって特徴づけられるアメリカの「新教育運動」のもとで登場した「新体育」の影響を強く受けながら教科としての体育を模索し，体育カリキュラム研究に着手したと考えられる．

　まず，戦後直後の体育カリキュラム研究として挙げられるのは，GHQの指導下にある体育学習指導要領作成過程で，竹之下休蔵がアメリカの体育カリキュラム・モデルを参考にして著した『体育のカリキュラム』(1949) である．さらに同年，前川峯雄・丹下保夫も「生活体育」の立場から，教師が現場で具体的に体育カリキュラムや体育計画を立案する際に役立つカリキュラム構成の基本的方向を示そうとして『体育カリキュラム（上巻・下巻）』(1949) を著した．

　竹之下も丹下もコア・カリキュラム論（運動）の影響を受けながら体育カリキュラム研究を積極的に展開した．コア・カリキュラム論は，敗戦直後の日本にアメリカから取り入れられ，「生活教育」運動を支えた．

　その中で，両者の体育カリキュラム構想は体育現場と結びついて展開されていくことになる．竹之下は神奈川県大田小学校で「大田小プラン」(1951-1956) をつくり実践に移した．一方，丹下は生活単元の可能性を実践的に追求するために，茨城県常陸太田小学校で実践研究を試みた．この常陸太田小学校のカリキュラム実践研究は「浦和市の体育研究」に引き継がれていくことになる．

　このように1940年代後半から50年代にかけて，神奈川県「大田小プラン」(1951-1956) や常陸「太田小実践研究」—「浦和市の体育研究」(1954-1959) など，学校名や地域名がついた実践的な「生活体育カリキュラム」研究が華やかに展開された．これらが戦後の実践を基盤にした体育カリキュラム開発研究の先駆けであるといえよう．しかしながら，1958年を機に体育でもカリキュラム研究が停滞していく．

(2)カリキュラム研究の停滞

1947年から「試案」として扱われていた学習指導要領は，1958年に官報に告示され，法的拘束力を持った．それ以降，カリキュラム開発やカリキュラム研究の停滞という問題が生まれ広がることになる．

天野正輝（1993）は「教育課程を構成する目標や領域や内容が，法的拘束力を持つとされた学習指導要領によって詳細に規定され，学校教師の自由な判断に基づく教育課程創造の意欲が弱められてきた．…（中略）… 学習指導要領の改訂がなければ，教育課程の存在が意識されにくく，論議の対象にもならないところに，わが国の学校教育の大きな問題が潜んでいる」（p.15）と，学習指導要領（体制）と教師のカリキュラム開発意識・主体性の低下の問題を指摘する．この問題は同時にカリキュラム研究の停滞という問題と連動し，しばらく続くことになる．体育の場合も同じ傾向にあったといってよい．

例えば，この時代（70年代～90年代）の体育の専門誌（『体育科教育』『学校体育』）へ掲載されたカリキュラムに関わる論考がその特徴を端的に示している．

この年代の体育カリキュラムに関わる研究は主として「学習指導要領に関わる論考」「各教材（種目）カリキュラムに関わる論考」「年間指導計画に関わる論考」「その他カリキュラム論等に関わる論考」に分類され（丸山，2015, pp.21-22），その中ではとりわけ学習指導要領改訂前後に集中する学習指導要領の解説的論考が多いように思われる．このように考えると日本の体育カリキュラム研究は，学習指導要領を中心に個別教材カリキュラムや年間指導計画に関わる研究が単発的に展開されてきたに過ぎず，しばらくの間体育の学術的なカリキュラム研究は停滞していたといわざるを得ない．

しかしながら，90年代の国際的なカリキュラム研究に影響されつつ，また1998年の学習指導要領改訂以降，体育においても多様なカリキュラム研究が展開されるようになっていったと思われる．

(3)諸外国の体育カリキュラムの比較研究

1999年にベルリンでICSSPE（国際スポーツ科学体育学会連合会）主催の世界初の「世界学校体育サミット」が開催された．そこでは体育の危機的状況が世界的な共通問題として確認され，その状況打破を目指して「ベルリン・アジェンダ」が採択された（ICSSPE編，2002）．

こうした動きを受け，日本でも日本体育学会が「学校体育検討特別委員会」を設置し，日本体育学会として保健体育の必要性と授業時間削減に対する要望書を中央教育審議会・教育課程審議会に提出した．そして，高橋健夫を中心に体育科教育学領域においては小学校から大学までの体育カリキュラムのあり方を国際的な視野に立って研究する試みがなされ，「日本および諸外国の学校体育カリキュラムの実状と課題」（平成11-12年度科学研究補助金，基盤(A)研究報告書）がまとめられた（2001）．そこでは，各国（日本，アメリカ，イギリス，ドイツ，フランス，オーストラリア，中国）の学校体育カリキュラム改革の動向および当時問題となっていた体育（授業）の「選択制」問題が分析された．さらに体育教員養成と関わって各国の大学における体育カリキュラムの現状と課題が考察された．

こうした比較研究がICSSPEやUNESCO（国際連合教育科学文化機関）などの国際機関の活動と連動しながら進められ，日本の体育カリキュラムを国際的な視野から相対化し，体育カリキュラム研究を推し進める契機になっていく．

（4）民間教育研究団体による体育カリキュラム研究

90年代後半から民間教育研究団体による実践を基盤にした体育カリキュラム研究も行われるようになる．例えば，民間教育研究団体の1つである学校体育研究同志会（以下，体育同志会）は，学習指導要領のオルタナティブとして『体育・健康教育の教育課程試案』（学校体育研究同志会教育課程自主編成プロジェクト，2003，以下『試案』）を教師たちの手によって開発し提起した．『試案』は運動文化論をベースにした体育教科観に立脚し，学校体育の目的を「運動文化の継承・発展・変革・創造の主体者形成」として，幼年から高等学校までを貫く3つの実践課題領域（「3ともモデル」）を設定する．そしてこの3つの実践課題領域に方向づけられ，運動文化実践の総合性（構造）に対応した教科内容領域構成試案が構想される．さらに，『試案』づくりにおいては体育同志会の特徴的な授業実践を118本取り上げて「実践カタログ」としてまとめ，その「実践カタログ」の集団的分析から教育階梯ごとの子どもの生活課題・発達課題や実践の特徴を抽出して，各階梯のカリキュラムの中身が形づけられていった．それは実践の中からカリキュラム開発の課題を抽出する試みを重視したものであり，「実践カタログ」づくりとその集団的分析作業こそが教師たちの手によるカリキュラム開発の特徴的かつ重要な方法になっている．

また，全国体育学習研究会（以下，全体研）も「楽しい体育」論に立脚して，小学校から高等学校までの体育実践例を示しながらカリキュラム研究を進めている（2008）．「楽しい体育」のカリキュラムの編成原理は，これまで全体研における体育教科の考え方の理論ベースであった「プレイ論」を出発点とし，生涯スポーツ志向＝スポーツライフスタイルの確立に向け，「楽しさ」を手段ではなく，目的・内容として位置づけて運動の「機能的特性論」によって内容を編成しようとするものである（運動の「機能的特性論」に基づく「運動目的・内容論」）．菊（2008）によれば，「楽しい体育」のカリキュラムは目的・内容論の立場からプレイの中における学習者の自発的な学びを保障し，「運動の特性にふれる楽しさ・喜び」（小学校）→「文化的享受能力の育成」（中学校）→「ライフスタイル形成」（高等学校）へと発展させていくような編成を目指している．このような考え方に基づいて，全体研では小学校から高等学校までの体育授業研究が展開され，カリキュラム研究を進めている．一方で，この全体研の「楽しい体育論」は当時の学習指導要領に反映され，「めあて学習」や「選択学習」として展開されていく．

民間教育研究団体である体育同志会や全体研が，依拠する体育教科観は異なるものの，体育における教師のカリキュラム開発意識やカリキュラム研究の停滞という状況の中で，日本の体育カリキュラム研究において実践を基盤にした体育カリキュラム開発（教科論レベルのカリキュラム開発）研究のモデルを提示したという意味は大きい．

（5）近年の体育カリキュラム研究

日本体育科教育学会が学会編の著書（2011）の中で近年の体育カリキュラム研究の位置づけと動向について「体育科のカリキュラム論」としてまとめている．そこでは，友添が戦後の体育教科の理念的変遷を辿りながら，時代時代の教育や学校カリキュラムの中での体育の位置と役割について論じている（pp.11-26）．丸山と菊は「体育カリキュラムの社会的構成をめぐる諸相」という視点から体育カリキュラム研究の課題を提起する．丸山は，カリキュラム開発主体の問題に着目し，主体としての教師たちの協働的専門性を活かしたカリキュラム開発が子どもと文化の両側面から教科内容・授業・教科外活動・教科のあり方を教師自らが問い直し，体育実践を変革したり，体育教師の

専門的力量形成を促すことを指摘した (pp.27-40)．菊は，体育カリキュラムの政治的諸相を考察する中で，グローバルなネットワークによる比較体育カリキュラム論の展開と学習者の自発的な生涯スポーツカリキュラムの創造を促す体育の公共性論の展開が重要な課題であることを指摘した (pp.41-56)．岡出は，教科の目標，教科内容の構成，カリキュラム評価の方法，カリキュラムの実態と機能の研究について国内外の研究動向から整理し，カリキュラム研究の成果と課題を提起している (pp.57-71)．

　また，一方で近年体育のカリキュラム・ポリティクスの研究も展開されるようになる．井谷 (2013) は，体育カリキュラム (学習指導要領含む) のポリティクスを相対的に把握し，その諸側面を分析する研究が少ないという問題を指摘して，体育カリキュラムに影響を与えるポリティクスについて，批判的教育学を基礎に学習内容としてのスポーツの権力，身体文化に隠されたカリキュラム・ポリティクス，ジェンダー・ポリティクスの視点から検討を試みている．さらに，学習指導要領に関して機能する地方教育委員会や学校などのローカル・ポリティクスに着目し，実践レベルでは体つくり運動の強化，武道・ダンスの必修化，スポーツ志向に伴う競争と協同に視点を当てフィールド調査を通してカリキュラム・ポリティクスの内実とその問題性を明らかにしている．

2─体育カリキュラム研究の典型事例

　カリキュラム研究は多様で複合的なアプローチから展開される領域である．またカリキュラムは目標─内容─方法─評価の全局面 (重層的複合的な構造) を対象とするがゆえに，1つの論文で描ききれないことが多い．そこでここでは一論文というより多くの論考を束ねた著書や博士学位論文を事例として取り上げてみたい．

(1) 竹之下休蔵と丹下保夫の体育カリキュラム研究

　日本の体育カリキュラム研究において，戦後日本がどのように体育を構想しようとしたのかを紐解く上で竹之下休蔵と丹下保夫らの体育カリキュラム研究は古典として必読である．竹之下は『体育のカリキュラム』(1949) においてアメリカの経験主義教育観に基づくコア・カリキュラム論を拠り所として，カリキュラムの形態，構成方法，体育の性格・目標，発達問題，学習内容と教材の評価，時間配当の基準，年間計画─単元計画，実態調査等を柱としたカリキュラム構成の基本的な考え方を示した．その後このカリキュラム構想を神奈川県大田小学校で「大田プラン」(1951-1956) として具体化し実践した．このカリキュラム実践が「生活体育論の目指すところから離れ，カリキュラム論から単元論へ推移し，グループ学習の位置づけやあり方を問題とする基礎的方向づけを実践面から与えた」(菊, 1997, p.119) とされる．

　一方丹下は『体育カリキュラム (上巻・下巻)』(1949) において，①「生活体育」の立場に立つこと，②地域性を重視し「生活基盤」の社会性に立脚すること，③「児童性」の尊重，④「総合的態度」を特徴とすること，⑤「科学的態度」と「体育行事」の重視という5つの構成原理に基づく「生活体育カリキュラム」を構想した．同時に，丹下は国家によるカリキュラム統制を批判し，教師のカリキュラムの自主編成権と教育実践の自由を主張した．そして茨城県常陸太田小学校で実践研究を試み，生活体育を目指して生活単元方式のカリキュラムをつくった．それは子どもに与えるべき生活

経験内容領域と民主的人間形成への対応という視点で体育教材を構想し，単元と体育行事を関連づけ（行事単元），教科学習と教科外活動をつなぐ年間計画を構成しながら実践を展開しようとするものであった．高橋健夫(1997)によれば，こうしたカリキュラムの実践化によって日本の体育カリキュラム研究はアメリカ的体育の翻訳紹介の段階から実践的検討の段階に入っていったとされる．この常陸太田小学校のカリキュラム実践研究は「浦和市の体育研究」に引き継がれた．「浦和市の体育研究」は，教育委員会—現場教師—大学研究者の三位一体のプロジェクト研究であり，現場の教師たちが主体となって自らの手で実践を基盤にしたカリキュラム開発を展開した先駆であったといえよう．

(2)実践を基盤にした教師による体育カリキュラム開発方法の研究

　丸山は，我が国の体育科教育学においてスクール・ベースド・カリキュラム開発（以下，SBCD）が未開拓な状況にあり，実践を基盤にした教師による体育カリキュラム開発の方法を理論的かつ実践的に解明することが喫緊の課題であるという問題意識のもとで『体育のカリキュラム開発方法論』(創文企画，2015) を著している．この研究の目的は，体育における教師のカリキュラム開発意識・主体性の低下とカリキュラム研究の停滞という状況の中で，制度レベル—学校レベル—教科論レベルのカリキュラム開発とその相互連関という観点から，実践を基盤にした教師による体育カリキュラム開発の方法に関わる原則を明らかにすることである．

　この目的を達成するために大きく3つの課題を設定してアプローチする研究方法をとっている．第一に国や地域レベル（制度レベル）のカリキュラムと学校レベルのカリキュラムや授業実践との相互作用という視点から，現場の実践を規定するナショナル・カリキュラム（学習指導要領）を体育教授学的に検討する．第二に，国および地域レベル（制度レベル）のカリキュラム開発に現場の教師たちがどのようにコミットしていくことができるのか，その手続きのあり方を明らかにするために，制度的な弾力性・柔軟性・開放性・民主性を備えたカリキュラム改革を推進しているドイツのスポーツ指導要領の開発プロセスの特徴やその内実について考察している．第三に，カリキュラムの自己創出性という観点から，現実の体育実践に基づく教師による体育カリキュラム開発の実現過程を考察している．その結果,実践を基盤にした教師による協同的な体育カリキュラム開発の方法に関わって，カリキュラム開発に向かう教師の姿勢・方針，カリキュラムの内容編成，カリキュラム開発の手続き，教師によるカリキュラム開発の効果とその適用という側面から，①カリキュラム開発方針の共有の原則，②学習指導要領の体育教授学的検討と実践化の原則，③固有の体育教授学的コンセプトに立脚した目標・内容編成の原則，④3つのレベルのカリキュラム評価とそのフィードバックの原則，⑤カリキュラムの正当化に向けての合意形成（相互批評・議論—情報公開—共同決定）の原則，⑥教師による体育カリキュラム開発の波及効果の原則を明らかにしている．現場のリアルなカリキュラム開発の世界に迫ることができる具体的なカリキュラム評価方法論，体育教師のカリキュラム開発能力形成と協働的専門性に支えられるカリキュラム開発の組織論の解明が重要な研究課題であるとする．

(3)ドイツの「スポーツ科」学習指導要領変遷過程の研究

　教科の存在意義，体育の理念やカリキュラムは常に社会的，歴史的な影響を受けて変わる．岡出(2017) は，体育の目的・目標，内容，方法，実践が歴史的社会的文脈の中で一定のメカニズムが働

いて構成されるというカリキュラムの社会的構成過程に着目する．今日の体育カリキュラム研究として，体育の危機の中で問われる体育カリキュラムの社会的構成過程の解明が重要な課題であると位置づける．ドイツではその時代や社会の影響を受け，体育教科の名称がKörpererziehung，Leibeserziehung，Turnen，Sportと変化し，現在は「スポーツ科（Fach Sport）」として教科が成立している．そこで岡出は，ドイツの，とりわけ「スポーツ科」を方向づける先導的モデル（特に近代スポーツ種目主義から脱近代スポーツ種目主義への移行）としての役割を果たしてきたノルドライン・ヴェストファーレン州の学習指導要領の変遷過程に着目し，そこでの「スポーツ科」の担う教育的責務をめぐる論議のプロセスを丹念に追いながら，1980年と1999年の学習指導要領の記述がどのように，またなぜ変化したのかの解明を試みている．この研究の重要な方法論的枠組みは，学校外のスポーツ実践・スポーツ科学という第一次領域↔再文脈化領域（カリキュラム作成者（官制的再文脈化領域），学会での論議等（教育的再文脈化領域））↔体育授業実践・体育教師・学習者という第二次領域をめぐるサイクルである．言い換えれば体育をめぐるディスコースの社会的に構成されるメカニズムに着目し，この仮説から「スポーツ科」の学習指導要領の変容を解明しようとしている点にオリジナリティがある．主な研究結果として，制度としての学習指導要領の変遷過程においては，理論的交渉の場，政治的交渉の場並びに制度的な交渉の場での論議が存在すること，実践を生み出していくコミュニティ形成やコミュニティメンバー間の有機的な関係の創造過程，官制的再文脈化領域の意思決定に関わる情報提供を可能にするコミュニティの重要性を明らかにしている．この研究は，制度としての学習指導要領が学問の研究対象として分析されることが少ない中で，学習指導要領が多次元の交渉や論議の中で変容していくメカニズムを解明した点で，今日の体育カリキュラム研究においては重要な研究となる．

3 ― 研究課題

　第一に，カリキュラム研究の国際動向においてSBCDというパラダイム転換は，カリキュラム開発への教師参加を中心にその開発過程のダイナミズムを解明する道を開いたといわれる．SBCDは先進国においても途上国においても，また体育科教育においてもカリキュラム研究上重要かつ喫緊の課題になっている．言い換えれば，実践主体としての教師に着目し，授業をカリキュラムの全体構造の中に位置づけて教科カリキュラム開発へとつながる授業研究を追究することが今日求められている．その意味で，授業実践を基盤にした教師によるカリキュラム開発の研究が体育科教育学の重要な課題になる．

　第二に，カリキュラム開発においては実践主体である教師の評価行為の自覚化が重要かつ不可欠であるにもかかわらず，カリキュラム研究においてはカリキュラム・アセスメントの問題が未開拓な現状にある．各学校におけるカリキュラム・マネジメントが重視される今日，実践を基盤にした体育のカリキュラム開発プロセスにおいて教師がカリキュラムをどのように評価し，またその評価結果をカリキュラム開発や授業実践にどのように活用すべきかというカリキュラムの評価（効果検証）方法を明らかにすることもカリキュラム研究の重要課題となる．

　第三に，教科教育実践を制度として規定する日本の学習指導要領をカリキュラム研究の対象として学術的かつ実践的に解明していくことも今後の重要な研究課題になろう．

（丸山真司）

文献

1) 天野正輝(1993)教育課程の理論と実践. 樹村書房：東京.
2) 有本昌弘(2007)スクール・ベースト・アプローチによるカリキュラム評価の研究. 学文社：東京.
3) 学校体育研究同志会教育課程自主編成プロジェクト編(2003)教師と子どもが創る体育・健康教育の教育課程試案. 創文企画：東京.
4) ICSSPE編(日本体育学会学校体育問題検討特別委員会監訳)(2002)世界学校体育サミット—優れた教科「体育」の創造をめざして—. 杏林書院：東京.
5) 井谷恵子(2013)体育カリキュラムに影響を及ぼすローカルレベルのポリティクスに関する研究 まとめ・資料集. 平成22年度〜平成24年度科学研究費補助金(基盤研究C(1))研究成果報告書.
6) 菊幸一(1997)神奈川大田小プランの特徴. 中村敏雄編, 戦後体育実践論 民主体育の探究 第1巻. 創文企画：東京, pp.109-122.
7) 前川峯雄・丹下保夫(1949)体育カリキュラム(上巻・下巻). 教育科学社：東京.
8) 丸山真司(2015)体育のカリキュラム開発方法論. 創文企画：東京.
9) 日本体育科教育学会編(2011)体育科教育学の現在. 創文企画：東京.
10) 岡出美則(2017)ドイツの「スポーツ科」にみる脱近代スポーツ種目主義への移行過程の研究, 筑波大学大学院博士(教育学)論文(12102乙第2825号).
11) 竹之下休蔵(1949)體育のカリキュラム. 誠文堂新光社：東京.
12) 高橋健夫(1997)浦和の体育研究. 中村敏雄編, 戦後体育実践論 民主体育の探究 第1巻. 創文企画：東京, pp.123-140.
13) 高橋健夫編(2001)日本および諸外国の学校体育カリキュラムの実状と課題. 平成11年度〜平成12年度科学研究費補助金(基盤研究A(1))研究成果報告書.
14) 全国体育学習研究会編(2008)「楽しい体育」の豊かな可能性を拓く—授業実践への手引き. 明和出版：東京.

第2章

教材研究

1 — 教材研究のこれまでを概観する

　「教材研究」には，大別して，①「教材」とは何か，また「教材研究」とは何かについての，さらに「教材づくり」の原理・方法に関する基礎的・理論的研究と，②具体的な「教材づくり」の実践的研究がある．後者については，運動領域の中の運動学習，また体育の理論的学習（体育理論）に対応した教材づくりの対象が区別し得る．ここではまず，これらの研究対象の基礎になる理論的な研究成果について概説しておきたい．

（1）教材研究の直接の対象は何か

　1980年代の中頃まで，体育科教育において「教材」とは，体育授業において取り扱われる運動種目や技を指すものとして理解されてきた歴史がある．しかしながら，それ以降，教育学における一般教授学的研究の成果を吸収しながら，授業づくりにおける教師の「目的意識性」を反映する概念として捉え直されてきている．そこでは，授業づくりの中で教師の思考の対象となる《素材—学習内容（教科内容）—教材—教具—教授行為》が区別され，授業構想における教師の仕事がおよそ以下のように整理されてきた（岩田, 1994, p.29）．

(a)単元や授業の目的・目標の検討（子どもたちにどんな能力を育てるのか）

(b)授業で取り上げる素材としてのスポーツの分析（対象となるスポーツの特性や魅力，本質的な課題性，その運動を成り立たせている技術・要素をどのように理解するのか）

(c)学習者の主体的条件（興味・関心や発達段階，先行の学習経験），および指導に必要な時間的・物理的条件の考慮

(d)学習内容の抽出・選択（「何を」教えるのか）

(e)学習内容を教えるための教材・教具の構成（「何で」教えるのか）

(f)学習内容の教授＝学習の展開に関する検討（どのような発問を準備するのか，いかなる学習形態を選択するのか）

　このような考え方から，「教材」とは，「学習内容を習得するための手段であり，その学習内容の習得をめぐる教授＝学習活動の直接の対象となるもの」としてその概念が捉えられている（岩田, 1994, p.28）．ここからすると，例えば，上記の(a)は「目標研究」，(b)は「素材研究」，(d)は「学習内

容研究」，そして(f)は「学習指導過程研究」，「教授行為研究」として位置づけられることになり，「教材研究」とは(e)の学習内容を教えるための教材を構成していくこと，つまり「何で教えるのか」を考える「教材づくり」を意味することになる．なお，教材づくりに付随して，その教材の機能を高めるために利用されるモノとしての「教具づくり」も重要な研究課題として意識される．

(2) 教材づくりの基本的過程とその視点

「教材づくり」は，素材としてのスポーツ（運動遊びなども含む）を加工・改変することによって，学習内容を習得するための教材（学習活動の対象）へと組織し直すことを指している．その過程は，図1のように説明されている．

そこでは教材づくりの2つの基本的視点が掲げられている．それらは，「その教材が習得されるべき学習内容を典型的に含みもっていること」（内容的視点）と，「その教材が学習者の主体的な諸条件に適合しており，学習意欲を喚起することができること」（方法的視点）である．

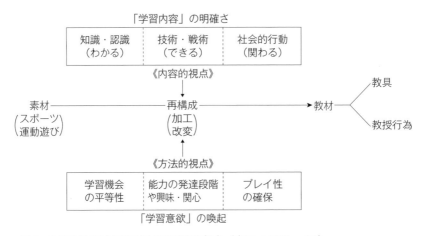

図1　体育の教材づくりの基本的な過程と視点 （岩田，1994，p.31）

(3)「単元教材」づくりと「下位教材」づくり

実際に創出される教材には，1単元全体，あるいはその多くの部分において提示されるものもあれば，その単元の中で部分的に用いられるもの，個々の認識的・技術的内容に対応した下位レベルの教材もある．一般教授学の知見を援用すれば，前者のような大きな教材を「単元教材」，後者のような下位レベルの教材を「下位教材」（あるいは「単位教材」）と呼ぶことができる．

運動領域や単元の違いによって，常に必要不可欠というわけではないが，単元教材と下位教材（群）からなる「階層的な教材づくり」（図2）は，単元構成やその展開に関わった教材づくり研究の重要な視点になる．つまり，子どもた

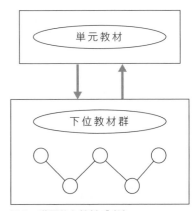

図2　階層的な教材づくり

（岩田，2012，p.28）

ちが学習意欲を膨らませ，能動的・積極的に授業に参加できるような「単元教材」を提示し，その取り組みの過程で，認識的・技能的な高まりを保障し得る「下位教材」（「認識教材」や「練習教材」）の開発とその位置づけの問題は，体育授業構想の骨格となる研究課題なのである．

（4）教材づくりと教材解釈

　体育科教育では，教材づくりとは相違する「教材解釈」という教師の仕事が強調されてきた経緯があるが，この用語使用では，素材となる運動種目や技が即時的に「教材」として捉えられている．また，ここでの「解釈」の内容になっているのは，運動の本質的な構造やその課題性，またその技術的なポイントであり，そこからすればこの教師の仕事は，前述した「素材研究」および「学習内容研究」として捉え直されるのが好ましい．

2— 教材研究の典型事例

（1）階層的な教材づくり研究のイメージ

　まずは，ここで階層的な教材づくりのイメージを記述しておこう．

　例えば，器械運動系領域のマット運動において，「集団リズムマット」や「ペアマット」といった個人的運動の集団化を図った課題，個人での「技の連続づくり」といった課題を単元教材として位置づけることができる．その中で，個別の技の習得過程に，スモール・ステップ化された運動課題（易しい類似の運動例：アナロゴン）を下位教材として挿入していくことが研究課題となる．

　また，陸上運動系領域では，現時点での子どもの能力差を前提に目標設定でき，意欲的な学習参加が可能になる単元教材の創出が求められる．このような単元教材への取り組みの過程で，走運動や跳躍運動の認識的・技術的ポイントに対応した練習課題としての下位教材の創出が焦点となる．

　さらに，ボール運動系領域では，子どもたちの学習に相応しい主要なゲーム（メイン・ゲーム）が単元教材として開発されるべきである．その際には，ゲームで要求される意思決定の複雑さや技能的水準が教材づくり研究の鍵になる．加えて，このゲームのパフォーマンスを向上させていくための練習課題の工夫が下位教材づくりの対象に据えられる．

（2）学習内容に対応した下位教材づくりの事例

　教材はその概念規定に示されているように，「学習内容」と《目的―手段》の関係にある．したがって，「○○ができるようになる」といった技能目標が掲げられた場合に，この技能的達成に向けて，子どもに「何を教える（学ばせる）必要があるのか」，「何をこそわかち伝えなければならないのか，また，わかち伝え得るのか」といった「学習内容研究」（適切な学習内容の分析・抽出・選択）を前提に教材づくり研究が進められる必要がある．ここではそのことが明瞭に示されている下位教材づくりの事例を取り上げておきたい．学習内容の抽出についての解釈やその根拠が的確に説明された上で，教材づくりのアイディアが提示されている研究例である（手軽に入手可能な書籍文献から選択しておこう）．

① 器械運動の「開脚跳び」の下位教材づくり

　1980年代の初頭，教育技術の法則化運動の端緒となった「跳び箱論争」で示された向山の開脚跳びの指導法は大きな脚光を浴びた．この論争の核心部分は，開脚跳びができない子どもは，「腕を支点とした体重移動の感覚」が未習得であるということであった．これに対し高橋は，その論理を批判的に検討した上で新たな《学習内容—教材》の明確な連関的思考を提示している．

　高橋は，向山の指導法に対し，それは「馬跳び」や「タイヤ跳び」にも見られる「またぎ越し」レベルの動きが対象になっており，開脚跳びの指導は「支持跳躍運動」の観点から捉え直す必要があることを強調する（高橋ほか, 1986）．そして，「腕を支点とした体重移動の感覚」というのは，跳び箱を跳び越せない子どもたちの初歩的段階において限定的に取り上げ得る学習内容であることを指摘しつつ，以下のような3点から学習内容の中核を抽出している（高橋, 1994）．それらは，「Ⅰ．腕を支点とした体重移動」，「Ⅱ．運動の連続性（予備踏切り—踏切り—跳躍の運動の連続）」，および「Ⅲ．体の投げ出し（足—腕—足の運動の順次性）」である．これらの学習内容に対応させて，その内容習得の媒体となる下位教材群を創出している（表1）．

　ここでの下位教材づくりのさらなる特徴は，子どもたちの挑戦欲求を沸き立たせるゲーム化がなされていることである．これは教材づくりの「方法的視点」からの工夫であり，実際の教材づくり研究では見逃せない着眼点になる．

表1　高橋（1994）が抽出した学習内容と創出された下位教材の対応

学習内容	下位教材
Ⅰ．腕を支点とした体重移動	・連結跳び箱の開脚座支持渡り ・跳び箱からの開脚座腕支持跳び出し競争 ・円椅子跳び越し
Ⅱ．運動の連続性 　（予備踏切り—踏切り—跳躍の運動の連続）	・その場両足跳躍からの円椅子跳び越し ・踏切線からの円椅子跳び越し ・予備踏切り—踏切りからの円椅子跳び越し
Ⅲ．体の投げ出し 　（足—腕—足の運動の順次性）	・うさぎ跳び ・3段の跳び箱でのまたぎ越し ・4段の跳び箱での開脚跳び

② 陸上運動の「ハードル走」の下位教材づくり

　ハードル走の指導では，一般的に，遠くからの踏切り（角度の小さい踏切り），リード脚のまっすぐな振り上げ，着地後の第1歩の大きな踏み出しなどの技能的ポイントが指摘されてきた．これらは大切な観点であるが，ハードル走に要求される運動課題性，特に，水平スピードの維持に関わる「走と跳の運動組み合わせ」の視点から新たに学習内容を捉え直した岩田（2012, pp.81-90, 2013）の教材づくりを引き合いに出してみる．

　ハードル走は，「走と跳」「跳と走」の二重の運動組み合わせの課題が生じる．この中でも特に，子どもたちのつまずきと関係が深いのは，ハードリングの際の跳躍をインターバルの走運動に結びつける「跳と走」の組み合わせである．例えば，ハードリング後の着地で「つぶれてしまう（着地足がブレーキになってしまう）」「ふらついてしまう」などの現象は，この組み合わせの難しさを物語っている．つまり，「跳と走」の運動組み合わせとは，「フラット走時のストライドより広い跳躍運動を走運動にリカバリーすること」とされる．

表2 「着地を起点としたリズム」を生み出すための下位教材群

下位教材	運　動　課　題
リカバリー・ラン	走路に跳び箱運動で使用する踏切り板を置いて，スピードをつけた助走から踏切り板を蹴って自分の短距離走時のストライドよりも広く跳び，走運動にリカバリーするために着地からすぐさま走り出す（着地でつぶれずに，キックになるようにする）．
1歩ハードル	着地後の第1歩がすぐさま次のハードルへの踏切りになる条件のハードル走練習．着地でつぶれたり，ブレーキがかかると次の1歩が踏み出せずに，連続的にハードルを越えていくことができなくなるため，着地足のキックを強調し，「着地を起点にしたリズム」（1・ジャンプ～1・ジャンプ～）を生み出すことがポイント．
ホワイト・ライン	ハードルの各コースの中央に白い直線のラインを引き，まっすぐ走ることを課題にする．キックになる着地の習熟を促すことに結びつく．

　また，ハードル走は，「疾走の変形を含んだリズム走」であり，「跳と走」の運動組み合わせとは，跳躍運動を走運動にリカバリーする中で，「着地を起点としたリズム」を生み出すこととして解釈し直されている．そこではその「リズム」を中核的な学習内容として位置づけることによって，既存の技術ポイントを組み換えた教材づくりが探究され，その対応関係を明確にした下位教材が明示されている（表2）．そこでは例えば，従来から指摘されてきた「着地後の第1歩を大きく踏み出すこと」といったポイントも，そのリズムを土台としたものとして再考されている．

　したがって，この事例は，新たな運動解釈に立脚した「学習内容」の組み換えに基づく教材研究といってよいであろう．

③ボール運動の「バット・スウィング」の下位教材づくり

　スポーツ科学において，好ましいバット・スウィングの技術的要素はかなり明らかにされている．とりわけバイオメカニクス的手法によって，外部観察される動きの目標像については多様な情報が蓄積されている．例えば，投運動との類縁性において，軸足からの体重移動や腰部のひねりの重要性などが記述されている．しかしながら，それらを直接の学習内容に据えても，往々にして効果的な指導に結びつかないことが多いことも確かである．そこで，これらの動きを間接的に導き出すために，動きの内部感覚的要素に学習内容を転換させる試みを基底にした教材研究事例が岩田（2016）に見られる．

　岩田は，スウィングが苦手な子どもの様相として「力動性」が見られないこと，「弛緩（解緊）と緊張」が学ばれていないことを見出す．それはスウィング時にいつ力を入れたらよいのかがわかっていない状態である．ここから，「インパクトの力感」が学習内容として抽出されている．また，自分の身体の延長線上にある道具の先端にスピードを加える動きの感じが重要であることから，「作用点の振り抜き感覚」がもう1つの学習内容として位置づけられている．

　ここではベースボール型のゲーム学習に向けた練習場面で取り組まれた下位教材として，「インパクトの力感」を引き出す「ペットボトル・ハンマー打ち（投げ）」と，「作用点の振り抜き感覚」を強調する「ハタキ振り」が考案・選択されている．

　この事例は，外部観察される動きのポイントが，そのまま直接的に学び手に必要な「学習内容」になり得るのだろうかという問いかけを基盤にした教材研究の重要性を示唆している．

3―参考となる論文

⑴岩田靖（2017）体育科教育における教材論，明和出版

　体育科教育における「教材論」「教材づくり論」の研究史およびその理論的内容に関して総説的に記述された論文として，岩田（1997）の「体育科の教材づくり論」，および岩田（2011）の「教材論」が掲げられるが，本書はそれらの内容を含みつつ，この研究領域のさらに詳細な議論を集積したものである．体育科教育が学びとるべき一般教授学分野における教材論を下敷きに，体育科教育における「教材論の系譜」「教材づくり論の前史的経緯」が整理されているとともに，本稿冒頭の「教材研究のこれまでの概観」の中身についての議論が詳述されている．

⑵岩田靖（2012）体育の教材を創る，大修館書店

　本書では，体育の教材づくりの基本的な考え方を提示しながら，多くの運動領域にまたがった教材づくりの実際の事例が掲げられている．特に，ここでの個々の事例に見られる教材づくりの課題意識やその具体的方法における発想の仕方を大いに参考にしていただきたい．ことに教材づくりの内容的視点はもとより，運動の苦手な子どもを大切にし，学習意欲を喚起していく方法的視点の記述が重要である．「『教材づくり』とは，授業の中で生み出したい未来の先取りである」，そして，「『教材づくり』とは，子どもに追究させたい事柄の誇張である」という指摘は，一方で入念な「学習内容研究」を基盤にしながら，実際の子どもたちの楽しく豊かな学習活動を実現させていくことの必要性を強調したものである．

4―教材研究のこれからの研究課題

　教材研究，まさにその中心となる「教材づくり研究」の基礎理論的側面では，多様な運動領域のその領域固有の教材づくりの論理を探究していくことがさらなる課題として掲げられ得るであろう．運動の課題性に特徴づけられる方法論が，単元教材レベルにおいても，下位教材レベルにおいても具体的に論じられていく必要がある．

　単元教材レベルでは，子どもたちが個々の子どもたちが現時点で持っている能力の違いを超えて積極的に課題解決に参加できる魅力的な運動課題を提示できるような教材開発が探究される必要があろう．そしてまた，そこでの課題解決のプロセスにおいて，子どもたちが仲間との豊かな関わり，濃密なコミュニケーションを生み出せるような課題づくりが大切にされるべきである．

　さらに，下位教材づくりの課題は非常に多く残されているといってもよい．いや，その多くは未だ手がつけられていないといったほうが正しいかもしれない．それは，「学習内容研究」との関係が浅薄なものが非常に多いのではないかという意味においてである．そのことと関連して特に，「動けない子ども」の存在を前提に，技能学習における丁寧な指導プロセスを生み出す教材研究が求められる．ここでは今後，スポーツ運動学（人間学的運動学）などとの密接な関係を求めていく必要性があろう．

　加えて，子どもたちの知識，思考・判断・表現などの認識的な学習を深め，濃密なコミュニケーションを成立させていくという観点からいえば，例えば，ボール運動系の授業において，チームの

メンバー間で自分たちのゲームについての「課題」や「実態」，課題解決の「方法」（岩田, 2012, pp.7-8）を交流し共有していくための媒体となる「認識教材」としての「ゲーム記録」の創出なども極めて重要な研究課題になるであろう．

（岩田 靖）

文献

1) 岩田靖（1994）教材づくりの意義と方法．高橋健夫編著，体育の授業を創る．大修館書店：東京，pp.26-34.
2) 岩田靖（1997）体育科の教材づくり論．竹田清彦・高橋健夫・岡出美則編著，体育科教育学の探究．大修館書店：東京，pp.224-253.
3) 岩田靖（2011）教材論．日本体育科教育学会編，体育科教育学の現在．創文企画：東京，pp.107-121.
   なお，同論文は，岡出美則ほか編（2015）新版 体育科教育学の現在．創文企画：東京に再録されている。
4) 岩田靖（2012）体育の教材を創る．大修館書店：東京．
5) 岩田靖（2013）体育の魅力ある授業展開に向けた教材づくりの視点．白旗和也，学校にはなぜ体育の時間があるのか？．文溪堂：東京，pp.116-125.
6) 岩田靖（2016）ボール運動の教材を創る．大修館書店：東京，pp.251-265.
7) 岩田靖（2017）体育科教育における教材論．明和出版：東京．
8) 高橋健夫ほか（1986）跳び箱運動の授業・その2, 体育科教育, 43(11):66-71.
9) 高橋健夫（1994）開脚跳びの教材づくり．高橋健夫編著，体育の授業を創る．大修館書店：東京，pp.76-81.

第3章

授業研究

1 —— 授業研究のこれまでを概観する

　授業研究とは，よい授業を目指し，実践した授業の事実・結果を分析し，修正・改善し，また授業に挑むという過程だということができよう．それは，教師個人の取り組みから，学年会の数名，もしくは学校内外の部会員，有志を単位とした組織的なものもあるだろう．広義には，教師はその営みにおいて常に授業研究を行っているといえる．そして，日本の教育現場に根づく教師や研究者たちのよい授業への渇望こそが授業研究を推し進めてきたことは間違いない．世界でもLesson studyとして高い評価を受ける日本の授業研究には，それらが決して個の次元にとどまるのではなく，組織的に取り組む文化的な背景が存在し，その中での共同性・同僚性にその特徴を見出すことができる（中野，2009）．そこで，本章では組織的に取り組まれた体育の授業研究を対象とし，その研究目的や研究方法，研究の主体について検討する．

　さまざまな形態，方法で取り組まれてきた授業研究の目的について，吉崎（1991）は以下の3点を挙げている．
　・授業改善
　・教師の授業力量形成
　・授業についての学問的研究

　吉崎（p.123）は，「授業改善」について，「授業実践者である教師が1人であるいは他の教師や授業研究者の支援をうけながら，自らが設計し実践した授業を分析・評価することによって，次の授業をより良いものにするための手掛かり（処方せん）を得ること」であり，最も基本的な目的だとする．

　次に，「教師の授業力量形成」について吉崎（p.124）は，「教師が自分自身の授業や他の教師の授業を対象に研究することによって自らの授業力量を形成すること」であると述べる．授業研究の過程において，「授業設計・実施・評価に関する力量」や，授業についての教授知識として，「教材内容，教授方法，生徒などについての知識」を蓄え，そこから「自らの実践理論や授業観」を形づくっていくことが求められていると指摘する．

　そして，吉崎（pp.125-126）は，「授業についての学問的研究」について，「授業という社会的事象をアカデミックな立場から研究して，教師の授業実践を支援できるような科学的知見を得ようとすること」を目的とし，「授業原理の発見や授業理論・モデルを構成」することを目指すものであるとしている．

　吉崎による授業研究の目的による分類に，その研究主体や研究方法を加味して体育科の授業研究

を概観すると，次のような大きな流れを見出すことができよう．

　教員を主体とした授業研究は，全国各地でさまざまな形で進められてきた．組織の規模でいうならば，全国レベルの研究会から，都道府県や市区町村を単位として組織された地域レベルの研究会まである．また，その主催者に着目すると，教育委員会等が主催する官製の研究会，有志によって行われる民間研究会やサークル，そして学校ごとに行われる校内研究会などに分かれる．これらの多くは現場の教員を中心としながら，大学の研究者が共同して研究を進めることもあった．しかしこれらの授業研究は，吉崎の示した3つの目的別に明確に区分できるわけではなく，その目的が重層的に絡み合っていたといえる．それは，教職歴に応じて授業研究に求める機能に違いが生じ得るからである．木原 (2004) によれば，実践経験が乏しく，教授技術や実践的知識が不足している初任期の教師にとっての最優先課題は，円滑に授業を進め，授業を成立させることである．この期の教師にとっては，よりよい体育授業の基礎条件を整える「授業改善」が授業研究の目的となろう．しかしながら，中堅・ベテラン教師の授業力量形成は，「個性化」「多様化」へと向かうといわれる．鈴木 (2016) も小学校教師の中堅期からベテラン期において，体育科の授業研究に求める機能が「指導技術向上のための授業研究から，教科内容追究の授業研究に変容」することを指摘しており，この期の教師にとって授業研究の目的は「教師の授業力量形成」にあると考えられる．

　このように重層的に捉えられる授業研究の目的であるが，「授業改善」においては，授業で学ぶ学習者 (児童生徒) の学習の過程や成果を明らかにするための学習評価が求められ，主に質的研究による経験的事例的な検討がなされる．これに対し，「教師の授業力量形成」では，指導法や教材の開発が目指され，体育授業を成立させる一般的な前提を明らかにするために，量的研究による教師の指導行為に対する客観的な授業評価が求められるといえる．

　一方で，「授業についての学問的研究」は大学の研究者を中心として研究が進められてきた．その1つには，よい授業の実践者の授業分析から，授業の事実を解釈し，「授業原理の発見や授業理論・モデルを構成」することで，典型的な指導方法を導き出すという質的研究があった．また，よい授業を成立させるための効果的な教授技術や方略を数量化されたデータとして一般化することを試みる量的研究が進められた．

2─授業研究の典型事例

(1)「授業についての学問的研究」のための典型事例

① 授業の事実を解釈する授業研究

　体育科授業研究において，その歴史的な経緯を辿れば，その先駆けといえるのは小林篤であろう．小林 (1975) は，「よい授業の典型を創造する」ために，「名人の授業のなかに潜んでいた因果関係の法則を発見」することが重要だと考えた (pp.153-154)．そこで，斎藤喜博を筆頭に，高田典衛 (筑波大学附属小学校)，土谷正規 (奈良女子大学附属小学校)，山本貞美 (広島大学附属小学校) ら著名な実践家だけでなく，民間教育研究団体である「教育科学研究会身体と教育部会」や「学校体育研究同志会」の実践など多岐にわたる授業分析を行った．小林は，教師の主観によって綴られた実践記録が研究データとしての客観性に欠けると捉えられていた当時において，テープレコーダーなどを用いた客

観的な資料としての授業記録だけでなく，実践者自身の思いを綴った授業記録の価値も指摘し，それらを分析対象とした記述的で事例的な質的研究方法を用いて「授業についての学問的研究」を進めた．

　同様に，授業の事実を解釈する授業研究を進めた人物に，小林一久がいる．小林 (1995) は，現実の体育の授業をそのまま対象にして，教師の働きかけと子どもの学習活動の関連と意味を解釈することを重視した．具体的に「事例研究的にある場面をとりだし」(p.85)，そこに含まれる指導の意味を，「教授と学習，陶冶と訓育，認識と練習，個と集団」(p.89) といった一般教授学的な法則と結びつけて授業を理解する授業研究を進めた．

② 授業を客観的に分析するための多様な方法を用いた授業研究

　1980年代のアメリカから広がっていった体育科授業の実証的研究を，日本にいち早く取り入れたのが高橋健夫であり，体育科において量的研究を用いた「授業についての学問的研究」としての授業研究を進めた．高橋は，「授業観察法」の1つである，ALT-PE (Academic Learnig Time in Physical Education) 観察法など複数の指標を用いて，教師の教授技術や方略を客観的に明らかにしようとした (高橋, 1989)．例えば，シーデントップら欧米の研究成果に基づき，教師行動を「マネジメント」「直接的指導」「巡視」「相互作用」に分類し，児童の授業評価との関係を分析した (高橋ほか, 1991)．また，体育授業場面を「学習指導場面」「認知的学習場面」「運動学習場面」「マネジメント場面」の4つに分け，それぞれの場面の時間量と児童による授業評価の関係から，「授業の勢い」を生み出す授業方略を明らかにした (福ヶ迫ほか, 2003)．この他にも，「形成的授業評価法」などの各種の組織的観察法を用いた授業研究が行われており，これら一連の研究において用いられた手法は高橋編 (2003)『体育授業を観察評価する』にまとめられ，今日でも多くの研究において援用されている．

　これらの研究成果によって，よい授業を成立させるための効果的な教授技術や方略として，マネジメントや学習従事量，学習の規律，授業の雰囲気などが数量化されたデータとして一般化されるようになった．これは，特に教員養成段階や初任期の教師にとって，最低限の授業成立や授業実践を振り返るための指標として活用されることとなった．

(2)「授業改善」のための典型事例

　体育科授業研究において「授業改善」のための典型事例としては，民間教育研究団体による取り組みを挙げたい．歴史的には全国津々浦々にさまざまな団体が存在したが，その中でも全国体育学習研究会 (以下，全体研) と学校体育研究同志会 (以下，同志会) は，全国的な規模で現在も研究を進める民間教育研究団体である．

　1957年設立の全体研は，ホイジンガやカイヨワによる「プレイ論」を理論的な手がかりとして，学校体育の授業研究を進めた．それは，後に「楽しい体育」論と呼ばれ，「プレイの自己目的性」(鈴木・永島, 2008, p.231) をスポーツにも見出し，さまざまな運動を「機能的特性」という視点から捉え直すことで，「その楽しさを求めて子どもたちが自発的に学習を進める」(p.233) という体育授業が目指された．その中で，「今もっている力で楽しむ→工夫した力で楽しむ」という学習過程や，「ステージ型」と「スパイラル型」の単元計画モデルが示されることになり，それらは，1990年代に入り「学習指導要領や関連する指導資料等に相次いで取り上げられ」(p.235) ることになった．体育嫌いが問題視された当時において，「楽しい体育」によって児童生徒が意欲的に取り組む授業づくり，つまり児童生徒の学習に焦点が当てられるようになったのだとすれば，それは大いに評価で

きる．一方で，児童生徒の主観である楽しさを重視するあまり，教師が教えることを否定的に捉えたり，過度な場づくりに終始したりする授業も現れ，これらの点が批判された．

また，1955年設立の同志会は，「国民運動文化の創造」という理念を掲げて実践・研究を継続し，さまざまな成果を公表している．ここでは，先の小林篤も取り上げた (小林, 1988) 雑誌『体育科教育』誌上での連載「体育の授業研究」の中にある「走り幅跳びの実践―小学校六年生」(中村ほか, 1973)を例に挙げてみよう．村田らは，「ある技術を，感覚的に身につけさせるだけでなく」，「運動文化の技術に関する科学を教えることはできないか」との問いから，仮説実験的な授業を実践した．この授業過程において村田は，走り幅跳びにおける助走スピード，歩幅，踏切り，空中フォーム，着地などに関する「うまくなるといわれていること」を問い直し，子どもたちが実験と検証を重ねる中で，次々と一般論を打ち破っていく実験的実践を行った．このように体育授業で学ぶ児童生徒の学習に焦点を当てた授業研究を進める中で，技術の系統性を明らかにしながらさまざまな教材開発を行っている点に，同志会の授業研究の特徴を見出すことができよう．一方で，「ある内容を系統的に教えさえすればいいという硬直した発想」に陥ることへの危惧も指摘された (小林, 1985)．

(3)「教師の授業力量形成」のための典型事例

「教師の授業力量形成」の授業研究では，授業において教師の気づきや児童生徒に対して行った言動，授業研究の場で獲得された知識が分析の対象とされてきた．今日の教育現場における教員育成指標作成の動向などを踏まえると，養成→採用→研修という教師のライフ・ステージに応じた「教師の授業力量」を検証する必要性が高まっているといえる．ここでは，主に教員養成段階での「実践的指導力」の向上に向かって取り組まれた西日本の教員養成系大学での事例研究を典型として取り上げたい．

この取り組みにおいては，学部・大学院という教員養成段階での「実践的指導力」を育むために，特に模擬授業の実施に重点を置いて事例の検証がなされ，これらの研究成果は，梅野ほか編 (2010)『教師として育つ―体育授業の実践的指導力を育むには―』にまとめられている．この中では，マイクロティーチングや振り返りシートの活用 (広島大学)，組織的観察法の活用 (香川大学)，子どものつまずき把握 (愛媛大学) などの事例研究が進められ，教育実習生 (教師) の指導行為に対する実証的な授業研究がなされている．また，教育実習生だけでなく，教育実習に関わる管理職や指導教員，実習授業を観察する教育実習生などの立場での役割についても事例研究が示されている．

生涯にわたって学び続ける教師を育成する上で，その出発点となる養成段階を中心としながらも，教師の職能成長に関わる示唆に富んだ授業研究の典型といえるであろう．

3 ― 参考となる論文

(1)「授業改善」：教師自身による問いに始まるアクションリサーチ

松田 (2011) は，当事者としての教師自身によるアクションリサーチという授業研究の重要性を指摘する．長期の現職経験を有する研究者による「授業改善」のための研究としては，大後戸ほか (2013) を挙げたい．大後戸らは，児童らの学齢，既習内容などの違いによって，同じ動きを観察してもその気づきが異なるといった経験に端を発し，小学2年生と6年生に同一のビデオ映像を観察

させ，その記述内容の比較を行った．その結果，6年生で見られる技の全体像や中核となる技術への気づきが，2年生では極端に少ないことなどが明らかとなった．また，これらの気づきの違いに基づいた体育科の動画テストの開発も行っている（大後戸，2018）．

(2)「教師の授業力量形成」：授業研究で身につけた教師の知識を明らかにする

木原・久保（2015）は，小学校での現職研修としての体育研究授業後の協議会における発話分析を行った．その結果，授業観察者の発話は，協議の柱として事前に設定された2観点に限定され，「授業者が提案した単元計画の目標を達成するため」の知識を問い直すものにとどまった．これに対して，授業者，管理職，外部指導者は，単元計画や本時の学習課題，内容の系統性などを批判的に捉え，「研究授業の単元計画に設定されていた指導内容自体を問い直す発言」を行っていた．これらの問いによって，「協議会に参加した教員全員に研究授業で提案された教材解釈や授業に対する考え方を問い直させること」につながる可能性が示されている．

(3)「授業についての学問的研究」：学習モデルを活用した授業分析の試み

加登本ほか（2014）は，小学校の体育科授業において子どもたちが学習集団として集団を発展させていく過程を分析するために，まず「仲間づくり調査票」（高橋，2003，p.166）を用いて，学習集団に顕著な変化が見られた授業を特定した．そして，エンゲストロームの「活動システム」を理論的枠組みとして，その特定された授業の逐語記録，授業映像，学習カードをもとに解釈している．これは，量的研究と質的研究を用いた授業研究の1つのモデルだと思われる．

4 ― 授業研究のこれからの研究課題

まずは，学習者に何が学ばれたのかを明らかにするための基礎的研究としての学習者論のさらなる進展である．テープレコーダーの登場は授業記録の作成に大きな変化をもたらしたといわれるが，今や学習者が個々にタブレットを持って授業が行われる時代である．ICT機器の活用などの技術革新とともに学習成果の記録や分析の方法に大きな転換を期待したい．

そして，授業研究において何より問われるのは当事者としての教師の主体性である．学校や教師のアカウンタビリティが求められるようになり，教師自身による問いに始まり答えを探究するアクションリサーチによる授業研究の深まりと広がりを期待したい．

（大後戸一樹）

文献

1) 福ヶ迫善彦・スロト・小松崎敏・米村耕平・高橋健夫（2003）体育授業における「授業の勢い」に関する研究：小学校体育授業における学習従事と形成的授業評価との関係を中心に．体育学研究，48：281-297.
2) 加登本仁・大後戸一樹・木原成一郎（2014）小学校体育科のボール運動の授業における学習集団の形成過程に関する事例研究．教育方法学研究，39：83-94.
3) 木原成一郎・久保研二（2015）小学校体育授業に関する教師の学習過程：研究授業後の協議会における談話分析を中心に．体育学研究，60：685-699.
4) 木原俊行（2004）授業研究と教師の成長．太洋社：東京.

5) 小林篤(1975)授業分析入門. 明治図書:東京.

6) 小林篤(1988)優れた体育の実践記録に学ぶ. 明治図書:東京, pp.103-128.

7) 小林一久(1985)体育の授業づくり論. 明治図書:東京, pp.38-47.

8) 小林一久(1995)体育授業の理論と方法. 大修館書店:東京.

9) 松田恵示(2011)教師による実践的研究:教師による実践改善のためのアクションリサーチ. 日本教科教育学会編, 体育科教育の現在. 創文企画:東京, pp.297-312.

10) 中村敏雄・村田義明・林和顕・草加哲夫・岩谷幸男(1973)走り幅跳びの実践―小学校六年生. 体育科教育, 22(12):30-41.

11) 中野和光(2009)日本の授業の構造と研究の視座. 日本教育方法学会編, 日本の授業研究―Lesson Study in Japan―授業研究の方法と携帯〈下巻〉. 学文社:東京, pp.1-10.

12) 大後戸一樹・久保研二・木原成一郎(2013)ビデオ映像から読み取られた運動情報の内容分析―小学2年生と小学6年生の記述内容の比較から―. スポーツ教育学研究, 33(2):23-33.

13) 大後戸一樹(2018)小学校体育科の思考力・判断力を評価するための動画テストの開発:跳び箱運動の「台上前転」を例に. 学校教育実践学研究, 24:55-60.

14) 大友智(1997)授業研究の歩み. 竹田清彦・高橋健夫・岡出美則編, 体育科教育学の探究―体育授業づくりの基礎理論―. 大修館書店:東京, pp.348-359.

15) 鈴木秀人・永島惇正(2008)全体研の歩み. 全国体育学習研究会編, 「楽しい体育」の豊かな可能性を拓く―授業実践の手引き―. 明和出版:東京, pp.226-239.

16) 鈴木聡(2016)小学校教師が体育授業研究に求める機能―教職歴に伴う変容―. 体育科教育学研究, 32(2):35-40.

17) 高橋健夫(1989)新しい体育の授業研究. 大修館書店:東京.

18) 高橋健夫・岡沢祥訓・中井隆司・芳本真(1991)体育授業における教師行動に関する研究―教師行動の構造と児童の授業評価の関係―. 体育学研究, 36:193-208.

19) 高橋健夫編(2003)体育授業を観察評価する. 明和出版:東京.

20) 梅野圭史・海野勇三・木原成一郎・日野克博・米村耕平編(2010)教師として育つ. 明和出版:東京.

21) 吉崎静夫(1991)教師の意思決定と授業研究. ぎょうせい:東京, pp.123-126.

第4章

教師行動研究

1──教師行動研究のこれまでを概観する

　1970年代初頭のアメリカにおいて，一般教授学の影響から体育の授業過程を科学的に分析するための組織的観察法が開発され，体育授業研究が飛躍的に発展してきたといわれていることから（高橋, 1992），ここではそれ以降の教師行動研究に着目して考察を行う．1970年以降の体育の教師行動に関する先行研究を整理すれば，大きく（1）記述分析的研究,（2）プロセス―プロダクト研究,（3）比較実験的研究,（4）介入実験的研究,（5）教師の実践的知識に関する研究，の5つに分けられる．以下，この5つについて述べていく。

（1）記述分析的研究

　記述分析的研究は，授業中の教師行動の具体的事実について明らかにしようとする研究であり，実践者による授業記録と観察カテゴリーを用いた記録分析の2つに分けられる．

　前者については，民間教育研究団体に所属した大学研究者と教師が共同して行った陸上や球技などの授業実践が代表的である．いずれも授業中の逐語記録を基調に，教師の発言と子どもの反応および感想文などにより授業の経過と内容を語らせ，教師の思いの記述でつないでいる．

　後者については，アメリカでCAFIAS観察法など授業過程の事実を客観的に分析するための組織的観察法が開発され，それを適用した教師行動研究が行われた．Cheffers et al. (1978) は，83の体育授業を分析した結果，教師は頻繁に説明や指示を行う一方で，賞賛，子どもの感情や思考の受容，発問が極めて少ないと指摘している．また，Siedentop (1983) は教師行動に関する先行研究をレビューし，教師行動の各量的割合がマネジメント17 〜 35%，インストラクション14 〜 37%，巡視20 〜 45%，相互作用行動3 〜 16%の範囲内にあり，特に相互作用行動の割合が著しく少ないと指摘している．それらの研究を踏まえて高橋ほか (1991) が，新たに教師行動観察法を開発し66の体育授業を観察分析している．その結果，各教師行動の割合は概ね先行研究の範囲内にあったが，唯一相互作用行動は19 〜 22%とより大きな値が示されたことから，アメリカに比べて日本の体育授業では教師が個々の子どもに対してより多くのフィードバックや励ましを与えており，マネジメント，インストラクション，巡視，相互作用行動を体育授業の「四大教師行動」と捉えることができると指摘している．

　さらに，近年では運動領域ごと，あるいは教師行動のより具体的な特徴に着目したカテゴリー分

析がみられる．例えば，伊藤ほか (2000) はダンスと他領域の体育授業における教師行動を比較分析した結果，ダンスでは教師主導型の授業展開が多いことから直接的指導の割合が有意に多い一方で，巡視と相互作用行動は有意に少なかったと報告している．また，江藤 (2015) は小学校体育教師は分析的発問を与え，子どもと意見交換をして学習課題の焦点化や意識づけを行ったり技能に関する肯定的フィードバックを多く用いていたと報告している．

(2) プロセス―プロダクト研究

　これまでの体育授業研究において最も多くの割合を占めるのが，アメリカで開発されたプロセス―プロダクト研究法を用いた教師行動研究である．それまで授業過程の事実がブラックボックスであった「仮説―成果」研究と異なり，授業中の教師行動の何が，どのように学習成果に影響するかを明らかにする研究法である．日本では，高橋ほか (1996, 1997) や梅野ほか (1986, 1997) を中心に，アメリカの組織的観察法をモデルに開発した新たな教師行動観察法を用いて教師行動を観察・記録し，それらが子どもの学習成果にどのような影響を及ぼすのかを検討している．その結果，①個々の子どもの運動学習に対する肯定的・矯正的フィードバックは，ALT-PE（成功裡な学習行動）や子どもの形成的授業評価にプラスに関係し，逆に否定的フィードバックはマイナスに関係すること，②子どもから高く評価された授業では，運動学習場面の割合が多く，逆にマネジメントや直接的指導の割合が少ないことを明らかにした．また，従来の教師行動研究の多くが小学校における単発の体育授業を対象としていたため，実際の授業展開に即して単元過程で捉えたり他の学校階梯を対象とした研究が取り組まれている．

　例えば，深見ほか (2000) は単元過程における教師のフィードバックの出現頻度および各授業場面の割合の推移，さらにそれらが学習成果に与える影響を分析した．その結果，時間経過とともに子どもの授業評価得点が高まった授業では，運動学習場面の時間量とともに教師のフィードバックの出現頻度が漸増することを明らかにした．また，深見ほか (2010) は高等学校の器械運動を対象に教師行動を観察分析している．その結果，技能差に対応した多様な場を設定し，学習ノートを通して生徒の課題習得の状況を把握することにより，全ての生徒が適切な技に挑戦し楽しさを味わうことができたと報告している．さらに，高橋ほか (1996) は教師の相互作用行動の質的特徴をより具体的に捉えようとして表現のしかた観察カテゴリーを開発し，授業評価との関係を分析している．その結果，双方向性，伝達性，共感性といった表現のしかたと授業評価との間に有意な相関関係が認められたと報告している．加えて，深見ほか (1997) は教師のフィードバックの表現のしかたと子どもの受け止め方との関係を分析した結果，表現のしかたを伴ったフィードバックが，子どもから有益に受け止められ，そのことが授業評価の向上に影響することを明らかにしている．

(3) 比較実験的研究

　比較実験的研究とは，専門的力量が異なる2名以上の教師に同じプログラムの体育授業をそれぞれ実践してもらい，授業中の教師行動および学習成果を比較分析することで，すぐれた教師行動の特徴を明らかにしようとする研究である．中井ほか (1994) は，専門的力量は高いが授業中クラス全体に対して説明や指示を多用したA教師と，専門的力量は低いが授業中肯定的フィードバックや励ましを多用したB教師それぞれの授業を比較分析した結果，A教師の授業ではより高い技能成果が確認された一方で，B教師の方が授業の雰囲気がよく，子どもから高く評価されたと報告してい

る．また，斉藤・中村（2008）はダンスの熟練教師と未熟練教師を比較した結果，未熟練教師は生徒に対して授業のねらいに即した声かけができず，生徒の感想の確認や肯定的フィードバックが多かったのに対して，熟練教師はねらいに即した創意的発問と，動作を修正する矯正的フィードバックを多く与え，生徒の技能成果も有意に向上したと報告している．さらに福ヶ迫ほか（2005, 2018）は長年，体育の授業研究を経験している教師（経験教師）と一般教師の教師行動を比較分析している．その結果，経験教師は単元はじめに授業の約束事を取り決め，授業中は学習活動を分断する教師の介入を少なくして授業を効率よく展開していたこと，また両教師のフィードバック頻度に有意差は見られないが，中心課題やつまずきが見られる子どもに対する具体的フィードバックの頻度は経験教師が有意に多く，子どもの技能成果も有意に高かったと報告している．

　加えて上原・梅野（2000, 2003）は，態度得点（授業成果）の高い教師とそうでない教師の相互作用行動を比較分析している．その結果，態度得点の高い教師は，導入場面では子どもに積極的に問いかけて課題理解と授業の雰囲気づくりに努め，展開場面では技能的・矯正的フィードバックを与え，子どもの課題解決に努めたことにより，子どもの技術認識を深め技能成果につながったと報告している．

（4）介入実験的研究

　介入実験的研究とは，授業のマネジメント方略や教師の相互作用行動などを意図的・積極的に指導に取り入れることで授業改善につなげようとする研究である．高橋ほか（1997）は，教師の相互作用行動に関して介入を行った結果，運動学習に関する教師の肯定的・矯正的フィードバックの頻度が向上し，子どもの形成的授業評価が有意に高まったと報告している．また，柴田ほか（2012）は，教師に対して生徒同士の関わりを促す働きかけを行った結果，技能学習において生徒同士の積極的な関わり合いが生まれ技能成果の向上につながったと報告している．さらに，福ヶ迫・高田（2009, 2012）は潤沢な学習時間を確保し学習従事率を高めるような学習の勢いを生み出す教授方略について介入した結果，授業の学習規律が徹底され運動学習従事の時間量が増大してゲームパフォーマンス（GPAI），授業評価ともに向上したと報告している．

　上江洲ほか（2011）は，個々の子どもの課題学習に関連したフィードバックを繰り返し継続して与えるように教師に介入を行った結果，継続的なフィードバックの頻度が向上し，それを受け取った子どもの技能成果，運動有能感は有意に高まったと報告している．また，長谷川（2004）は教師に対して個人内評価に基づいた個人の進歩を強調したフィードバックを与えるように介入した結果，子どもの動機づけが適応的に高められたと指摘している．さらに，南島・高橋（2007）は教師に対して開脚跳びのできない子どもに有効な教材や指導言葉を適用するよう介入した結果，教師はそれらを適切に活用し技能成果につながったと報告している．

（5）教師の実践的知識に関する研究

　（1）～（4）の教師行動研究が主によい体育授業の基礎的条件を整えることに焦点づけてきた一方で，近年では学習目標に照らして子どものつまずきを予測したりつまずきへの対処法を検討したりするなどのよい体育授業の内容的条件に焦点づけた教師の実践的知識に関する研究が取り組まれている．

　山口（2009a）は，教師に対して運動技能およびつまずきへの対処法に関する知識について介入を

行った結果，教師の反省的思考を変容させ技能的なつまずきに関する気づきが深まり，学習成果に肯定的な影響を及ぼしたと報告している．また山口 (2009b) は，熟練教師の有する実践的知識の実態を明らかにするとともに，彼らの授業中の教授方略の内実を，経済学分野の「ゲーム理論」を援用して検討した結果，子どもに対して，①課題の必然性や意味を理解させる，②工夫した練習活動を設定する，③動きを正しく診断し積極的に矯正的フィードバックを与えることが学習成果の向上につながると指摘している．同様に，石塚・鈴木 (2016) は授業中，教師が何を認知し，何を意図して教授行為をするのかについて検討している．その結果，中堅教師の即時的な思考過程の特徴は，学習者の手掛かり（実態のズレと原因）を認知するモデルの違い（相互作用／観察行動）と，認知後の思考・対応の違い（規準準拠／規準生成）の視点で4つの行動パターンに分類することができると指摘している．

　こうした教師の実践的知識に関する研究では，吉崎 (1988) の提示した教材内容，教授方法，生徒といった3つで構成される教師の知識領域の中でも，教材内容との関わりの中で生じる特殊な教授方法や生徒の理解といった複合的な知識領域に関する研究が重要であると考えられる．しかしながら，この点については未だ研究事例が少ないことから，今後も継続した検討が必要である．

2─教師行動研究の典型事例

　教師行動研究が積み重ねてきた研究成果の中から，その典型事例として「器械運動における有効な教師のフィードバックの検討─学習行動に応じたフィードバックと子どもの受けとめかたとの関係を通して─」(深見・高橋, 2003) と「ダンス授業における指導言語と発言に至る思考の特徴に関する研究─学習者・逐語記録・指導者の側面から」(山﨑・村田, 2011) の2つを取り上げる．

　前者は，教師の助言に対する子どもの受け止め方を手掛かりに，有益に受け止められた教師のフィードバックを状況関連的に分析し，技能成果につながる有効なフィードバックの特徴を明らかにしている．また，後者は授業改善に向けたアクションリサーチの手法を用いて研究者が参与観察を行い，熟練指導者の指導言語および発言に至る思考の特徴を明らかにしている．いずれの研究においても，従来の量的研究に加えて質的研究を取り入れたトライアンギュレーションが採用され，客観的かつ実証的な研究が行われている．以下，それぞれの研究について詳細に解説する．

　深見・高橋 (2003) は，子どもが有益に受け止めた教師のアドバイスに焦点づけて，子どもが何の運動課題に取り組みどのような学習状況が見られたときに，教師はどのようなフィードバックを与えた結果，子どもにどのような技能成果が見られたかという視点で状況関連的に観察分析することで，子どもにとって有効なフィードバックの特徴を明らかにしようとした．対象は，長年体育の研究指定校において授業研究の経験を有する2名の熟練教師であった．

　その結果，課題につまずいている子どもに対して教師が適切な助言や課題提示を行えば，子どものつまずきの改善や技能向上の有無にかかわらず，ほとんどの子どもはそれを「役に立った」と受け止めていたことが明らかになった．また，実際に子どもの技能成果が見られ「役に立った」と受け止められた教師のフィードバックとは，個々の子どもの学習状況を正しく認識し，その状況に応じてわかりやすく提供された意味のあるフィードバックであることが示唆された．

　山﨑・村田 (2011) は，ダンス授業における熟練指導者の指導言語および発言に至る思考の特徴を明らかにしようとした．子どもの運動習得を促進させる教師の指導言語は，学習主体である子ど

もの感覚的世界を呼び覚まし習得対象になる動きの「動感」を誘い出す媒体となる．そのため，教師は子どもと運動との関係から指導言語の中身について十分に吟味し言葉にして学習者に投げかけなくてはならない．一方で，教師の指導言語は運動指導に関わる教授行為の重要な部分を占めているにもかかわらず，教員養成の現場では未だに十分な指導対象になっていない状況が推察される（岩田・牧田, 2018）．本研究では，長年，大学の教職課程でダンスの指導法について研究・実践を重ね，また全国規模のダンス講習会の講師としての経験も豊富な熟練ダンス指導者を対象としたことからすぐれた指導言語の出現が期待された．

　本研究では，①大学のダンス授業中の逐語記録と，②質問紙調査から学生の印象に残る指導言語を検討するという2つの課題に取り組まれた．その結果，学生の印象に残る指導言語には，指導者が教えたいダンスの内容が豊かに含まれていることが明らかになった．また，指導者が比喩・隠喩的表現を用いたり教材ごとに表現を変えて発言したりすることで，学習者の印象に残りやすくなることが示された．さらには，特定の授業(教材)の中で発した指導言語について指導者自身に振り返ってもらい発言に至る思考過程について検討した結果，指導言語の背後には，指導者のa) 取り上げた教材の解釈，b) 動きの捉え方，c) 動きを見る観点の3つの視点が含まれており，これまでの指導経験およびその場の学生との相互作用の中で動きを瞬時に評価して即興的に発言していることが明らかになった．

3─今後の教師行動研究の研究課題

　これまでの教師行動研究の系譜を踏まえれば，今後は次のような3つの研究課題が挙げられる．
　第一に教師の指導言語に関する研究である．岩田・牧田 (2018) は，体育授業における子どもの運動習得や習熟を促進させるための教師の指導言語に関する研究・情報の蓄積が少ないことを指摘している．その原因について，①運動や教師によって指導言語はさまざまで個別的であり一般化しにくいこと，②指導言語の意義やその機能，さらには再現方法について十分に検討されていないことなどを挙げている．一方で，感覚的な指導言葉 (小林, 2000)，意識の置き換え (阪田, 2012)，動感言語 (金子, 2005) といった視点は，運動学領域と大きな接点があり教師の指導言語研究において重要な検討課題になると指摘している．例えば，濱崎 (2011) は開脚跳びが苦手な子どもに対して動き方の感じをどのようにしてつかませ，動きの発生へと導いたのかを発生運動学の立場 (金子, 2005) から検討している．今後，このような研究の積み重ねが重要である．
　第二に教師の視線と認知に関する研究である．授業中の教師の認知・思考を究明する新たな研究方法として教師の視線に着目して，教師の力量把握や力量形成への示唆を得ようとする研究も見られる (北澤・鈴木, 2013; 西原・生田, 2010)．山口・高倉 (2016) は，子どもから高く評価された体育授業中の熟練教師の視線を，未熟練教師がモニタリングすることで未熟練教師の認知・思考にはどのような変容が見られるかという介入実験を提案している．教師の視線は観察行動の起点となり，その教師の脳裏にある実践的思考様式を解明する手掛かりになり得ることから今後の研究成果が期待される．
　第三に特別の支援を必要とする子どもに対する教師行動研究である．森 (2004) は，脚に障がいのある車椅子の児童Aが健常者クラスの体育授業においてどのように学ぶことができるのか，インクルーシブという考えからその学習プロセスについて事例的に検討している．その結果児童Aの場

合，担任のクラスだけでなく学校全体で受け容れに関心をもってさまざまな工夫をしながら支援していくことで，ほとんどの学習が可能になることが示された．平成29年11月の教員免許法施行規則の改正によって，「教育の基礎的理解に関する科目」の中で，新たに「特別の支援を必要とする幼児，児童及び生徒に対する理解（1単位以上）」が追加された．将来的に全ての教師が多様な子どもを指導する可能性があり，体育科教育学研究において研究要請が急務な分野である．

（深見英一郎）

文献

1) Cheffers, J., Mancini, V. and Martinek, T. (1978) Teacher-student interaction. In W. Anderson and G. Barrette (eds.). What's Going On in the Gym. Motor Skills: Theory into Practice. Monograph 1.
2) 江藤真生子(2015)小学校体育授業における教師の「言葉かけ」の検討―表現運動とゲームの授業を事例として―．日本女子体育連盟学術研究, 31:47-57.
3) 深見英一郎・高橋健夫(2003)器械運動における有効な教師のフィードバックの検討―学習行動に応じたフィードバックと子どもの受けとめかたとの関係を通して．スポーツ教育学研究, 23(2):95-112.
4) 深見英一郎・高橋健夫・日野克博・吉野聡(1997)体育授業における有効なフィードバック行動に関する検討：特に，子どもの受けとめかたや授業評価との関係を中心に．体育学研究, 42(3):167-179.
5) 深見英一郎・高橋健夫・細越淳二・吉野聡(2000)体育の単元過程にみる各授業場面の推移パターンの検討：小学校跳び箱運動の授業分析を通して．体育学研究, 45(4):489-502.
6) 深見英一郎・元塚敏彦・上江洲隆裕・岡澤祥訓(2010)高等学校における効果的な器械運動の授業づくりに関する事例的研究．体育科教育学研究, 26(2):27-39.
7) 福ヶ迫善彦(2018)体育授業における意図された学習成果を保証する教師のフィードバックに関する事例的検討：プログラム及び前提条件の変数を統制した教師行動の比較分析から．体育学研究, 63:397-410.
8) 福ヶ迫善彦・高田大輔(2012)体育授業における「学習の勢い」を生み出す指導方略及び指導技術の妥当性の検証―小学校高学年「ゴール型」ボール運動の介入実験授業を通して―．スポーツ教育学研究, 32(1):33-54.
9) 福ヶ迫善彦・鄭ジュ赫・米村耕平・細越淳二・高橋健夫(2005)小学校体育授業における教師のマネジメントに関する検討―特に，ボール運動単元の分析から―．スポーツ教育学研究, 25(1):27-42.
10) 濱崎裕介(2011)運動指導における学習者の動きの解釈と指導手順の構成―跳び箱運動における開脚とびの指導を事例として―．スポーツ教育学研究, 30(2):1-10.
11) 長谷川悦示(2004)小学校体育授業における「個人の進歩」を強調した教師の言葉かけが児童の動機づけに及ぼす効果．スポーツ教育学研究, 24(1):13-27.
12) 石塚諭・鈴木直樹(2016)体育授業における教師の思考過程の特徴に関する研究．学校教育学研究論集, 33:1-15.
13) 伊藤美智子・岡沢祥訓・林信恵・北島順子(2000)ダンス授業における教師行動に関する研究：ダンス授業と他の体育授業との比較．大阪体育大学紀要, 31:9-17.
14) 伊藤豊彦(2017)体育学習における教師行動が児童の動機づけに及ぼす効果に関する研究―自己決定理論からの分析―．体育科教育学研究, 33(2):35-47.
15) 岩田靖・牧田有沙(2018)体育授業における「指導言語」研究に関する系譜と展望．長野体育学研究, 24:1-14.
16) 金子明友(2005)身体知の形成(上・下)．明和出版：東京．
17) 北澤太野・鈴木理(2013)体育教師教育研究の課題と方法をめぐる論議．体育科教育学研究, 29(2):25-34.
18) 小林篤(2000)体育の授業づくりと授業研究．大修館書店：東京, pp.150-163.
19) 南島永衣子・高橋健夫(2007)教材活用の仕方や指導行動が学習成果に及ぼす影響について：特に開脚跳びのできない児童に対する学習指導を中心に．スポーツ教育学研究, 27(1):21-35.
20) 森勇示(2004)車椅子を使用している子の体育学習への支援．スポーツ教育学研究, 24(1):55-68.
21) 中井隆司・高橋健夫・岡沢祥訓(1994)体育の学習成果に及ぼす教師行動の影響―特に，小学校における台上前転の実験的授業を通して―．スポーツ教育学研究, 14(1):1-15.
22) 西原康行・生田孝至(2010)再現認知とオンゴーイングによる体育教師の力量把握方法の検討：私自身を対象化したバドミントン授業ゲーム時の認知．体育学研究, 55(1):169-176.

23) 齊藤南・中村なおみ(2008)ダンス課題学習における実践経験差による教師行動の検討：グループへの関わり方に着目して．仙台大学大学院スポーツ科学研究科研究論文集，9(1):1-9.

24) 阪田尚彦(2012)体育教育—教授学への試み．一莖書房：東京，pp.173-224.

25) 柴田卓也・竹内智光・水落芳明(2012)学習者同士の相互作用を促す教師行動と付箋活用の効果に関する研究：目標と学習と評価の一体化をめざした中学生器械運動単元の学習から．上越教育大学研究紀要，31:135-143.

26) Siedentop, D. (1983) Developing teaching skills in physical education, 2nd ed. Mayfield Pub.

27) 高田大輔(2009)体育授業における「学習の勢い」を生み出すための教授方略及び教授技術．愛知教育大学保健体育講座研究紀要，34:43-47.

28) 高橋健夫(1992)体育授業研究の方法に関する論議．スポーツ教育学研究，11-Supplement:19-31.

29) 高橋健夫(2000)子どもが評価する体育授業過程の特徴：授業過程の学習行動及び指導行動と子どもによる授業評価との関係を中心にして．体育学研究，45(2):147-162.

30) 高橋健夫・林恒明・鈴木和弘・日野克博・深見英一郎・平野隆治(1997)体育授業中の教師の相互作用行動が授業評価に及ぼす影響—相互作用行動に対する介入実験授業の分析を通して—．スポーツ教育学研究，17(2):73-83.

31) 高橋健夫・岡沢祥訓・中井隆司・芳本真(1991)体育授業における教師行動に関する研究：教師行動の構造と児童の授業評価との関係．体育学研究，36(3):193-208.

32) 高橋健夫・岡出美則・長谷川悦示(2005)体育学研究における体育科教育学研究の成果と課題．体育学研究，50(3):359-368.

33) 高橋健夫・鈴木理(1994)体育授業における教師行動分析の研究動向—特に相互作用の言語的・非言語的行動を中心に．体育の科学，44(3):217-222.

34) 高橋健夫・歌川好夫・吉野聡・日野克博・深見英一郎・清水茂幸(1996)教師の相互作用及びその表現のしかたが子どもの形成的授業評価に及ぼす影響．スポーツ教育学研究，16(1):13-23.

35) 上原禎弘・梅野圭史(2000)小学校体育授業における教師の言語的相互作用に関する研究：走り幅跳び授業における品詞分析の結果を手がかりとして．体育学研究，45(1):24-38.

36) 上原禎弘・梅野圭史(2003)小学校体育授業における教師の言語的相互作用の適切性に関する研究：学習成果(技能)を中心として．体育学研究，48(1):1-14.

37) 上江洲隆裕・岡澤祥訓・木谷博記(2011)教師の言語活動による「継続的フィードバック」が技能成果，運動有能感に及ぼす影響に関する研究—走り幅跳びの授業実践を通して—．教育実践総合センター研究紀要，20:159-166.

38) 梅野圭史・中島誠・後藤幸弘・辻野昭(1997)小学校体育科における学習成果(態度得点)に及ぼす教師行動の影響．スポーツ教育学研究，28(2):85-104.

39) 梅野圭史・藤田定彦・辻野昭(1986)体育科の授業分析—教授活動の相違が児童の態度に及ぼす影響—．スポーツ教育学研究，6(2):1-13.

40) 山口孝治(2009a)体育授業における教師の反省的思考の変容に関する実践的研究：授業中の「出来事」への気づきに着目して．佛教大学教育学部学会紀要，11:41-52.

41) 山口孝治(2009b)小学校体育授業における教師の実践的知識の検討—熟練教師にみる授業設計段階の調査結果を例に—．佛教大学教育学部論集，20:33-41.

42) 山口孝治・高倉晃生(2016)体育授業研究における教師の視線研究の可能性：授業中の教師の認知・思考に迫る試み．佛教大学教育学部学会紀要，15:27-36.

43) 山﨑朱音・村田芳子(2011)ダンス授業における指導言語と発言に至る思考の特徴に関する研究—学習者・逐語記録・指導者の側面から—．スポーツ教育学研究，30(2):11-25.

44) 吉崎静夫(1988)授業研究と教師教育(1)：教師の知識研究を媒介として．教育方法学研究，13:11-17.

第5章

学習者行動研究

1 ― 学習者行動研究のこれまでを概観する

　学習者行動研究には，大きく（1）ALT-PE観察法の有効性を検討した研究，（2）子どもが評価する授業過程の行動的特徴を明らかにした研究，（3）ゲームパフォーマンス分析による研究，の3つの方向性がある．以下では，これまでの研究成果を概観してみたい．

（1）ALT-PE観察法の有効性を検討した研究

　1979年にアメリカで開発されたALT-PE（Academic Learning Time in Physical Education）観察法は，限られた授業時間数の中で最大限の学習成果を上げるための教授技術や方略を究明することがねらいである（シーデントップ, 1988）．ALT-PEとは「学習者が体育的内容に有効かつ成功裡に従事する時間の割合」を意味する（Metzler, 1983）．従前の体育授業研究は，学習過程で生じることを客観的に分析するまでには至らなかったことから，1980年代に授業過程を評価するALT-PE観察法を用いた研究が活発に行われるようになった．

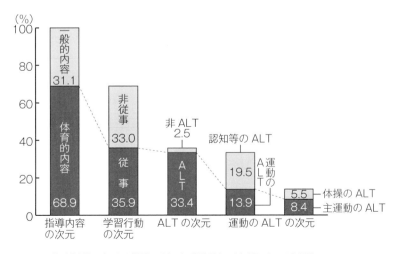

図1　体育授業における学習のジョウゴ型現象（高橋ほか, 1989）

高橋ほか (1989) は58体育授業を対象に分析した我が国のデータとアメリカのオハイオ州とカナダのケベック州のデータとを比較した．その結果，ほぼ等しい関係が得られ，各次元の数値が「体育的内容（教師が学習に費やす時間）」>「学習従事（学習課題に取り組む時間）」>「ALT-PE（運動課題に成功裡に取り組む時間）」の順に減少した（ジョウゴ型現象，図1参照）．ここでの主運動のALT-PE値は8.4%であり，この数値を時間に換算するとわずか3.8分（45分の場合）であった．

(2) 子どもが評価する授業過程の行動的特徴を明らかにした研究

授業過程における学習者行動や教師行動と子どもの授業評価との関係から「よい体育授業の条件」が探究されてきた．高橋 (1994) は，よい体育授業を成立させるための条件として，「授業の勢い（学習従事時間の確保や学習規律の確立によって生み出される）」と「授業の雰囲気（教師や学習集団の肯定的な相互作用や学習者の情緒的解放によって生み出される）」が重要な意味を持つとした．そしてこの仮説を証明すべく，一連の研究が進められてきた．

「授業の勢い」について，福ヶ迫ほか (2003) は「学習従事観察法」を開発し，小学校の60体育授業を対象に分析した結果，潤沢な運動学習場面を確保し，運動学習場面における学習従事の割合が増えれば授業評価が高くなり，逆に学習非従事が増えれば授業評価が低くなることを明らかにした．また，「授業の雰囲気」については，教師が営む相互作用以上に学習集団の人間関係や相互作用によって生み出される部分が大きいものと考えられることから，米村ほか (2004) は，小学校の60体育授業を対象に平野ほか (1997) が作成した「集団的・情意的行動観察法」に修正を加えて「授業の雰囲気」と子どもの授業評価との関係を分析した．その結果，「肯定的人間関係行動（子ども同士が意見を交わしたり，声援や補助など）」と「肯定的情意行動（子どもたちの拍手や歓声，笑顔など）」は授業評価にプラスに関係することを明らかにした．そして，Yonemura et al. (2004) は，「授業の勢い」と「授業の雰囲気」に関わる6要因（①学習従事，②オフタスク，授業の雰囲気に関わる，③肯定的人間関係行動，④否定的人間関係行動，⑤肯定的情意行動，⑥否定的情意行動）が子どもの授業評価に75%の規定力を持つことを明らかにした．これらにより，「授業の勢い」と「授業の雰囲気」が子どもの授業評価を高める上で重要な条件であることを明らかにした．

(3) ゲームパフォーマンス分析による研究

1996年にアメリカにおいて，ゲームの理解を通してゲームパフォーマンスの向上をねらいとした「戦術アプローチモデル (Tactical Approach)」が提案され，戦術の全体像を「ボール操作の技能」「ボールを持たないときの動き」「状況判断」の3つの要素から示した．そして，ゲーム中のパフォーマンスを評価するGPAI (Game Performance Assessment Instrument, Griffin et al., 1997) が開発された．これらの動向を受け，我が国でも戦術学習に関する研究が行われてきた．

Yoshinaga et al. (2003) は，小学校高学年を対象に作戦づくりを中心としたフラッグフットボール単元において作戦の立案・実行の変容を検討した．その結果，作戦の立案に関しては基本的な動きを使ったランプレイとスペースを活用したパスプレイが多く見られ，作戦の実行率が向上したことを明らかにした．次に，吉永ほか (2004) はボールを持たないときの動き（サポート）を中心にしたフラッグフットボール単元を実施した結果，サポート率が向上し，スペースを創出する作戦も実行できるようになったと報告している．

ボール保持者の状況判断について，鬼澤ほか (2007) は小学校高学年のバスケットボール単元に

おいて3対2のアウトナンバーゲーム（ディフェンスの人数がオフェンスの人数よりも少ない）を適用した結果，ゲーム中の状況判断力が向上したことを明らかにした．また，アウトナンバーゲーム単元はイーブンナンバーゲーム単元より，状況判断の学習機会を多く保証することができ，かつ適切なプレイが多かったこと（鬼澤ほか, 2008），さらにアウトナンバーゲーム単元で習得した適切な状況判断はイーブンナンバーゲームでも適用できることを明らかにした（鬼澤ほか, 2012）．このアウトナンバーゲームに関連して，岡田ほか（2013）はハンドボールの下位教材として3対2の「（ハーフコート）スリーサークルボール」を提案し，サポートの学習に有効であるとした．そして，このサポートの動きは「オールコートスリーサークル」でも発揮できることを明らかにした（岡田ほか, 2015）．

　この他，ゲームパフォーマンスの達成基準を事例的に検討した研究がある．北村ほか（2014）は小学校4〜6年生のネット型ゲーム授業を対象に，Memmert（2008）が提案した成功数と失敗数に10を加え，これによって算出された指数＝「(成功数＋10)/(成功数＋10＋失敗数＋10)×100」を活用して合格ラインを50を超えた場合とし，それがクラス全体の7割が通過できた項目（中垣・岡出, 2009）によって基準を設定した．

2 ― 学習者行動研究の典型事例

　一連の学習者行動に関する研究成果の中から，その典型事例として「小学校6年生のバスケットボール授業における3対2アウトナンバーゲームと3対3イーブンナンバーゲームの比較」（鬼澤ほか, 2008）を取り上げる．

(1) ゲームを教材化する意義

　戦術アプローチモデルでは，学習を効果的に進めるために学習課題を明確にし，その課題に全ての子どもたちが十分に取り組めるように公式ゲームを緩和・修正して教材化することの重要性を主張している．では，どのようなゲーム教材を適用すればよいのだろうか．これまで特にゲームの人数条件に関して，先行研究においてアウトナンバーゲームを取り入れることはゲーム中の状況判断力を向上させる上で有効であることが明らかにされてきた．そこで，アウトナンバーゲームとイーブンナンバーゲーム，どちらが状況判断力の向上に有効なのかを検討した．ここでは，分析方法を説明するとともに，分析結果を紹介する．

(2) 観察・記録の方法

① 分析カテゴリー

　図2は学習内容を示したものであり，状況判断力の分析カテゴリーでもある．ボールを保持したら，まず「シュートエリア内／外」を判断する．例えば「シュートエリア内」の場合，①シュートコースにディフェンスがいなければ「シュート」，②シュートコースにディフェンスがいて，パスコースにディフェンスがいなければ「パス」，③シュートもパスもできなければ「ボールキープ」となる．

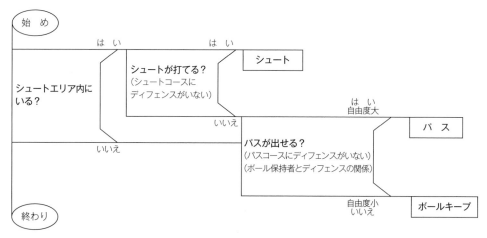

図2　プレイ原則および状況判断力の観察基準 （鬼澤ほか, 2008）

②分析の方法

　分析は，単元中に実施されたメインゲーム（ハーフコート3対2および3対3）をデジタルビデオカメラで撮影し，その映像を基に行う．分析にあたり，プレイヤーがボールをキャッチしたときを「ボール保持者の状況判断場面」とし，その際のボール保持者のプレイの適切さを分析カテゴリーに基づいて評価する．状況判断の適切率は，「適切な状況判断数／直面した状況判断場面の総数」で算出する．例えば，ゲーム中にある学習者がシュートすべき場面に4回直面し，適切なプレイとなるシュートを選択したのはそのうち3回だったとすると，適切率は3/4＝0.75＝75％となる．その適切率を角変換する （森・吉田, 1990）．

　分析の信頼性を確保するために，2人で同じ授業映像を観察記録し，一致率が80％を超えるまでトレーニングを繰り返し，その後，2人の観察者がそれぞれにゲームを観察基準に沿って分析する．そして，S-I法（Scored-Interval method）＝「一致/（一致＋不一致）×100」の計算式を用いて一致率を算出する．なお，S-I法では，通常80％以上の一致率が必要とされる （シーデントップ, 1988）．

（3）分析結果

①学習機会の保証について

　表1は，状況判断場面に直面した回数および1人あたりの平均直面回数を示したものである．ここでは，シュート場面のデータのみ取り上げる．表1のTotal欄からわかるように，アウトナンバーゲーム単元は，単元全体におけるシュート状況場面に直面した学習者（直面者）の割合は，232人中188人の81.0％であった．イーブンナンバーゲーム単元は227人中102人の44.9％であり，過半数にも達していないことがわかった．

　また，状況判断場面に直面した学習者の1人あたりの平均直面回数を見ると，アウトナンバーゲーム単元は平均2.66回であり，イーブンナンバーゲーム単元の1.70回よりも有意に多かった．ちなみに，パス場面については，アウトナンバー9.41回＞イーブンナンバー5.58回であったが，ボールキープ場面については反対の傾向であった（アウトナンバー3.60回＜イーブンナンバー5.56回）．つまり，

表1 シュート場面に直面した回数および1人あたりの平均直面回数（鬼澤ほか，2008から一部抜粋）

■アウトナンバー単元

段　階	リーグ1				リーグ2				リーグ3		Total
	2時間目	3時間目	4時間目	5時間目	6時間目	7時間目	8時間目	9時間目	10時間目	11時間目	
参加者（人）	24	23	22	24	20	23	24	24	24	24	232
直面回数（回） 直面者（人）	38 15	34 17	56 20	61 20	62 16	54 19	52 21	45 20	50 19	48 21	500 188
平均直面回数（回）	2.53	2.00	2.80	3.05	3.88	2.84	2.48	2.25	2.63	2.29	2.66

■イーブンナンバーゲーム単元

段　階	リーグ1				リーグ2				リーグ3		Total
	2時間目	3時間目	4時間目	5時間目	6時間目	7時間目	8時間目	9時間目	10時間目	11時間目	
参加者（人）	27	25	25		23	21	22	28	28	28	227
直面回数（回） 直面者（人）	22 14	22 12	23 13		19 11	17 10	22 11	19 13	14 6	15 12	173 102
平均直面回数（回）	1.57	1.83	1.77		1.73	1.70	2.00	1.46	2.33	1.25	1.70

［独立標本に対するt検定］
$t(283.5)=6.10$
$p=.000$***
アウト>イーブン

イーブンナンバーゲームでは，ボールを保持したとしても味方がマークされていることが多く，フリーになるまでキープし続けなければならないためになかなかパスを出せない．これらにより，アウトナンバーゲームは，シュート・パスの状況判断場面をイーブンナンバーゲームよりも多く保証できるといえる．

②プレイの適切さについて

　図3は，単元間における各プレイの適切率の比較を示したものである．図3からわかるように，シュート，パス，ボールキープのいずれにおいても，イーブンナンバーゲーム単元よりアウトナンバーゲーム単元のほうが，プレイの適切率が高いことがわかった．

　以上により，ゲーム中の状況判断を学習させる上で，アウトナンバーゲームはイーブンナンバーゲームに比べて有効であるといえる．

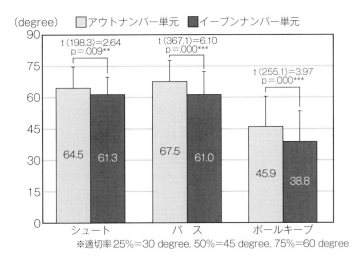

図3 単元間における各プレイの適切率の比較（鬼澤ほか，2008から一部抜粋）

3 — 参考となる論文

⑴体育授業における「授業の勢い」に関する検討（福ヶ迫善彦ほか，2003）

「授業の勢い」は，これまで主にALT-PE観察法を用いて進められてきたが，問題点もあった．そこで，「授業の勢い」を観察するためのより簡便な「学習従事観察法」を開発・適用し，「授業の勢い」が子どもの授業評価を高める重要な条件であることを明らかにした．よい体育授業の条件を理解する上でも読んでおきたい論文である．

⑵A Study on the Effectiveness of Flag Football as Teaching Materials in Physical Education Classes (Yoshinaga et al., 2003)

本論文は，小学校高学年を対象に作戦づくりを中心としたフラッグフットボール単元において戦術のレベルごとに立案・実行した作戦を分析することで，学習可能なランプレイ・パスプレイを明らかにした．子どもの作戦を分析する際には参考にしたい論文である．

4 — 学習者行動研究のこれからの研究課題

これまで見てきたように，学習者行動研究といえば，よい体育授業を目指して授業過程における学習者行動を捉えることが主要な研究課題であった．そして，これらの研究を進めるにあたり，授業の行動観察法や評価尺度の開発・修正が行われてきた．このことは，ボールゲームに関する研究も同様である．指導と評価の一体化をめぐる動きの中で，GPAIが開発されたことは大きな意味を持つ．第2部の研究方法を参照してもらいながら，新たな研究課題に挑戦してもらいたい．

（鬼澤陽子）

文献

1) 福ヶ迫善彦・スロト・小松崎敏・米村耕平・高橋健夫(2003)体育授業における「授業の勢い」に関する検討：小学校体育授業における学習従事と形成的授業評価との関係を中心に．体育学研究，48(3): 281-297.
2) Griffin, L. L., Mitchell, S. A., and Oslin, J. L. (1997) Teaching sport concepts and skill: A tactical games approach. Human Kinetics: Champaign.
3) 平野智之・高橋健夫・日野克博・吉野聡(1997)体育授業における集団的・情意行動観察の開発．スポーツ教育学研究，17: 37-57.
4) 北村政弘・岡出美則・近藤智靖・内田雄三(2014)小学校中・高学年におけるネット型ゲームのゲームパフォーマンスに関する達成基準の事例的検討．体育科教育学研究，30(1): 1-16.
5) Memmert, D. (2008) The Game Performance Assessment Instrument (GPAI): Some Concerns and Solutions for Further Development. Journal of Teaching in Physical Education, 27: 220-240.
6) Metzler, M. (1983) Using academic learning time in process-product studies with experimental teaching units: Teaching in physical education, Human Kinetics: Champaign, pp.185-196.
7) 森敏昭・吉田寿夫(1990)心理学のためのデータ解析テクニカルブック．北大路書房：京都．
8) 中垣貴裕・岡出美則(2009)中学校におけるベースボール型ゲームの守備のゲームパフォーマンスに関する評価基準の事例的検討．スポーツ教育学研究，29(1): 29-39.
9) 岡田雄樹・末永祐介・高田大輔・白旗和也・高橋健夫(2013)ゴール型ボール運動教材としてのスリーサークル

ボールの有効性の検討─ゲームパフォーマンスの分析を通して─. スポーツ教育学研究, 62: 31-46.

10) 岡田雄樹・末永祐介・近藤智靖(2015)小学校3年生の体育授業における「オールコートスリーサークル」の有効性に関する事例的研究. 体育科教育学研究, 31(1): 29-41.

11) 鬼澤陽子・小松崎敏・岡出美則・高橋健夫・齊藤勝史・篠田淳志(2007)小学校高学年のアウトナンバーゲームを取り入れたバスケットボール授業における状況判断力の向上. 体育学研究, 52(3): 289-302.

12) 鬼澤陽子・小松崎敏・吉永武史・岡出美則・高橋健夫(2008)小学校6年生のバスケットボール授業における3対2アウトナンバーゲームと3対3イーブンナンバーゲームの比較─ゲーム中の状況判断力及びサポート行動に着目して─. 体育学研究, 53(2): 439-462.

13) 鬼澤陽子・小松崎敏・吉永武史・岡出美則・高橋健夫(2012)バスケットボール3対2アウトナンバーゲームにおいて学習した状況判断力の3対3イーブンナンバーゲームへの適用可能性：小学校高学年を対象とした体育授業におけるゲームパフォーマンスの分析を通して. 体育学研究, 57(1): 59-69.

14) シーデントップ：高橋健夫ほか訳(1988)体育の教授技術. 大修館書店：東京.

15) 高橋健夫・岡沢祥訓・大友智(1989)体育のALT観察法の有効性に関する検討─小学校の体育授業分析を通して─. 体育学研究, 34(1): 31-43.

16) 高橋健夫編(1994) 体育の授業を創る. 大修館書店：東京.

17) 米村耕平・福ヶ迫善彦・高橋健夫(2004)小学校体育授業における「授業の雰囲気」と形成的授業評価との関係についての検討. 体育学研究, 49(3): 231-243.

18) Yonemura, K., Fukugasako, Y., Yoshinaga, T., and Takahashi, T. (2004) Effects of Momentum and Climate in Physical Education Class on Students' Formative Evaluation. International Journal of Sport and Health Science, 2: 25-33.

19) 吉永武史・高橋健夫・岡出美則・松元剛・鬼澤陽子(2004)フラッグフットボールの授業におけるサポート行動の有効性についての検討. 筑波大学体育科学系紀要, 27: 71-79.

20) Yoshinaga, T., Takahashi, T., and Onizawa, Y. (2003) A Study on the Effectiveness of Flag Football as Teaching Materials in Physical Education Classes: Through Analysis of the Change in Planning and Executing Strategies by Children. International Journal of Sport and Health Science, 1: 171-177.

第6章

評価研究

1 ── 体育科教育学における評価研究のこれまでを概観する

（1）教育学における評価理念のこれまで

　教育における評価といえば，教師が「テスト」を実施し，通知表や指導要録をつけるという行為を想起するかもしれない．しかし，「教育学における『評価』は，まさしく，子どもの姿を捉え，教育実践の改善に生かす営みそのものである」(西岡ほか, 2014)．

　冒頭の「テスト」は，1920年代のアメリカの「測定」(measurement) 運動を起源としている．日本においても2001年度の指導要録改訂にいたるまでは中学校において相対評価が実施されてきた経緯から，学習状況の客観性と数値化が不可避な状況を生み出し続けていた．ゆえに評価においてはテストや通知表，指導要録といった事象を想起しやすいのだと推察できる．

　アメリカの教育「測定」運動におけるテストは，測定可能な内容で学習者を区分し序列化を行うために利用され，大きな批判を受けた経緯がある．

　教育評価における大きな転換期は1970年前後であろう．以下に述べる通り，全ての学習者に学習内容を習得させるための教育評価の方法が検討され始めたのである．

（2）指導と評価の一体化のための教育方法

　ブルーム (1973) は，次のような段階で展開される「完全習得学習 (マスタリーラーニング)」を提唱した．

①授業単元において達成されるべき目標を明らかにし，全ての子どもたちが達成すべき最低到達水準を定める．

②子どもたちの学習適正やレディネスを考慮しつつ，最適な教え方や教材を選択する．

③形成的テストを実施し，子どもたち一人ひとりの目標の到達度合いを明らかにするとともに，つまずき箇所を特定する．

④つまずきがある子どもには，それを克服するための補充的・治療的指導を行う．

　子どもたちの学習状況を評価し指導に生かすという，現在においても重視される「指導と評価の一体化」を具現化する教育方法だといえる．

(3) 体育科教育学における量的な評価研究

(2) における「指導と評価の一体化」に資する評価研究が1990年代〜2000年代初頭に体育科教育学の分野で利活用されるようになった．「形成的授業評価法」(高橋，1994，詳細は後述) や「体育授業評価法 (診断的・総括的評価)」(高田ほか，2000) 等が開発されたのである．それらの授業評価法は単元の前後 (診断的・総括的評価) および経過 (形成的評価) において，アンケートを通じて客観的に学習者の姿を捉え，教育実践の改善に生かす営みだといえる．いずれも四半世紀近くにわたり実践的な研究での量的分析にて利活用されている．

また，授業だけでなく，心理学的視点から学習者の「運動有能感」(岡澤ほか，1996) を測定する研究や「体育授業における児童の集団的・協力的活動」(小松崎ほか，2001)，「学級集団意識」(日野・高橋，2000) を評価する研究等が公表されている．さらに，同時期には体育授業場面を組織的に観察評価するさまざまな方法も開発された (高橋，2000; 福ヶ迫ほか，2003; 高橋・中井，1991; 深見ほか，1997)．

以上のような量的分析は体育科教育学の科学化に大きな影響を与え，客観的に体育授業を測定評価し指導改善を図るための指針となっている．

(4) 真正の評価の時代へ

教育評価の科学化の一方で，90年代より教育における「真正の評価」(authentic assessment) が希求されるようになる．ウィギンスとマクタイ (Wiggins & McTighe, 1998) によれば，生涯を通じて学ぶための永続的な理解につなげるためにはオープンエンドな解が存在するパフォーマンス評価が重要だという．パフォーマンス評価では，学びの文脈に真正性のあるパフォーマンス課題／プロジェクトが与えられ，学びの主体である学習者自身の評価活動への参加が重視される．すなわち，「指導と評価の一体化」は必要条件ながらも十分条件を備えていないと考えられるようになり，「学習と評価の一体化」も掛け合わせた「学習と指導と評価の一体化」(図1, Puckett & Black, 1994) が重視されるようになったのである．

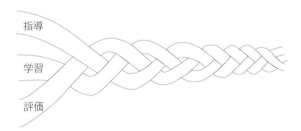

図1　学習と指導と評価の一体化 (Puckett & Black, 1994)

(5) 体育科教育学における質的な評価研究

パフォーマンス評価の具体的手法として体育科でポートフォリオ評価を活用した実践が報告されている (梅澤，2002; 梅澤，2006; 大井・松田，2008)．ポートフォリオにファイルや動画として学習者自身が学びの履歴を蓄積し，その学習状況を見取り，メタ認知しつつ次の学びを再構築していく評価法である．そこでは学習者主体の評価による弊害，すなわち①恣意的な評価，②専門性のない振り返り，に陥らないように留意すべきである．ゆえに個々の学習状況に寄り添い見取る教師によるア

セスメントも実施し，次の学習デザインにつなげるという「学習と指導と評価の一体化」(梅澤，2005; 鈴木・齋地，2007; 梅澤，2012) が必要になる．また，質的な採点指針であるルーブリックを活用した研究 (梅澤，2005; 川端ほか，2005) も存在し，ルーブリックを含むポートフォリオ評価が従来の通知表よりも保護者への学習状況説明にも有効であることも明らかにされている (梅澤，2007)．

ポートフォリオ評価以外にも，大友ほか (2002) がアメリカの体育における質的な評価研究を紹介している．質的な研究は一般的に実験条件を設定せず，授業という自然条件の中で事象が生起した文脈／過程に注目しながら実施され，インタビューやフィールドノートに残された文字データを取り扱う点が特徴的である．

さらに，岡野 (2015) は反省的実践家としての授業リフレクションに活用するため体育科での「エピソード記述」法を提案している (後述)．

2──体育科教育学における評価研究の典型事例

(1)形成的授業評価法の作成の試み

体育科教育学における評価研究が積み重ねてきた研究成果の中から，その典型事例として「形成的授業評価法」(長谷川ほか，1995) を取り上げる．

本研究では9127名の児童を対象にしたアンケート結果を因子分析し，形成的評価においては，成果，学び方，協力，意欲・関心という4因子構造になることを明らかにした (表1)．

表1の9つの質問項目は，学習者が「はい (3点)」「どちらでもない (2点)」「いいえ (1点)」の3件法で回答する「形成的授業評価票」として活用されている．その際，成績には一切関係ないことを伝え，ありのままを回答させなければならない．当該授業の指導計画と学習活動を踏まえ「形成的授業評価票」を学級全体やグループ別等で，全項目，各因子 (次元)，各項目の平均値を算出すれば，授業の成否を客観的に示すことが可能になる．また，学習状況を踏まえ指導改善が図れたか否かは，その平均値の推移によって可視化できる．さらに表2に示す「診断基準」に照らせば，5段階の相対的な授業の成否も明らかになる．

表1 形成的評価の構造：バリマックス回転後の因子構造 (長谷川ほか，1995，p.93を一部修正)

質問項目	因子Ⅰ 成 果	因子Ⅱ 学び方	因子Ⅲ 協 力	因子Ⅳ 意欲・関心	共通性
「あっわかった！」とか「あっそうか！」と思ったことがありましたか．	.729	.053	.294	.027	.621
ふかく心に残ることや感動することがありましたか．	.729	.168	.082	.153	.590
今までできなかったこと (運動や作戦) が，できるようになりましたか．	.592	.271	.020	.313	.524
自分から進んで，学習できましたか．	.172	.777	.192	.103	.681
自分のめあてにむかって，何回も練習できましたか．	.174	.731	.190	.170	.630
友だちと協力して，なかよく学習できましたか．	.088	.162	.800	.285	.755
友だちとお互いに教えたり，助けたりしましたか．	.251	.256	.777	.040	.734
楽しかったですか．	.254	.022	.220	.812	.733
せいいっぱい　ぜんりょくをつくして運動できましたか．	.093	.425	.108	.688	.734
寄　　与	1.617	1.515	1.470	1.378	
累積寄与率	17.97	34.81	51.15	66.44	

表2　形成的授業評価の診断基準（長谷川ほか，1995, p.99）

次元	項目 〳評定	5	4	3	2	1
成果	1. 感動の体験	3.00 ～ 2.62	2.61 ～ 2.29	2.28 ～ 1.90	1.89 ～ 1.57	1.56 ～ 100
	2. 技能の伸び	3.00 ～ 2.82	2.81 ～ 2.54	2.53 ～ 2.21	2.20 ～ 1.93	1.92 ～ 1.00
	3. 新しい発見	3.00 ～ 2.85	2.84 ～ 2.59	2.58 ～ 2.28	2.27 ～ 2.02	2.01 ～ 1.00
	次元の評価	3.00 ～ 2.70	2.69 ～ 2.45	2.44 ～ 2.15	2.14 ～ 1.91	1.90 ～ 1.00
意欲・関心	4. 精一杯の運動	3.00	2.99 ～ 2.80	2.79 ～ 2.56	2.55 ～ 2.37	2.36 ～ 1.00
	5. 楽しさの体験	3.00	2.99 ～ 2.85	2.84 ～ 2.60	2.59 ～ 2.39	2.38 ～ 1.00
	次元の評価	3.00	2.99 ～ 2.81	2.80 ～ 2.59	2.58 ～ 2.41	2.40 ～ 1.00
学び方	6. 自主的学習	3.00 ～ 2.77	2.76 ～ 2.52	2.51 ～ 2.23	2.22 ～ 1.99	1.98 ～ 1.00
	7. めあてをもった学習	3.00 ～ 2.94	2.93 ～ 2.65	2.64 ～ 2.31	2.30 ～ 2.03	2.02 ～ 1.00
	次元の評価	3.00 ～ 2.81	2.80 ～ 2.57	2.56 ～ 2.29	2.28 ～ 2.05	2.04 ～ 1.00
協力	8. なかよく学習	3.00 ～ 2.92	2.91 ～ 2.71	2.70 ～ 2.46	2.45 ～ 2.25	2.24 ～ 1.00
	9. 協力的学習	3.00 ～ 2.83	2.82 ～ 2.55	2.54 ～ 2.24	2.23 ～ 1.97	1.96 ～ 1.00
	次元の評価	3.00 ～ 2.85	2.84 ～ 2.62	2.61 ～ 2.36	2.35 ～ 2.13	2.12 ～ 1.00
総合評価（総平均）		3.00 ～ 2.77	2.76 ～ 2.58	2.57 ～ 2.34	2.33 ～ 2.15	2.14 ～ 1.00

　加えて，形成的授業評価票に自由記述欄を設ければ，質的な授業改善にもつなげられる．本研究の意義は，体育科教育学という学問領域において学習者による授業評価を可視化し，「指導と評価の一体化」につなげる形成的評価の単元内推移を客観的に分析できる指針を明らかにした点であろう．

3── 体育科教育学における「評価」において参考となる研究

⑴運動有能感の構造とその発達及び性差に関する研究（岡澤ほか，1996）
　本研究は，学習者の内発的動機づけに資する「運動有能感」を評価するための構造が12項目の質問紙調査（5件法）としてまとめられている．豊かなスポーツライフに影響を与えると考えられる運動有能感の現状を評価できる．

⑵小学校体育授業における体育勤勉性尺度の開発（村瀬ほか，2017）
　本研究は，非認知スキルの1つとされる勤勉性に着目し，努力過程と自律性に焦点を当てた「体育勤勉性尺度」を策定している．「仲間への共感」「積極的発言」「勤勉さ」「挑戦機会の発見」の4因子22項目からなる質問紙調査（4件法）により勤勉性を評価できる．

⑶エピソード記述（岡野ほか，2015）
　学習場面で生起した意味（生き生きとした学びの様相）を教育的鑑識眼により評価し教育的批評として観察者が「地」と「図」で描く質的な授業評価法である．体育でのエピソードの根幹である「地」として「運動の中心的な面白さ」（概念）と「身体技法」（概念の具体）を示し，活動中の子どもの姿を「図」として浮かび上がらせ，考察するというアクションリサーチにおける省察の記述といえる．

4──体育科教育学における評価研究のこれから

　2017年（高等学校は2018年）に告示された小学校／中学校学習指導要領は，コンテンツベースからコンピテンシーベースへの変革を前提としている．すなわち，各教科や領域等において階段型に体系化された学習内容（コンテンツ）を獲得するという教育から離脱し，生涯を通じて生きて働く資質・能力（コンピテンシー）の育成という視点から教育内容や教育方法を再検討した学習指導要領に改訂されているのである．教育方法においても，資質・能力の育成に資するために「主体的・対話的で深い学びの実現」に向けた不断の授業改善およびカリキュラム・マネジメントが希求されている．また，2019年に示された「児童生徒の学習評価の在り方について〈報告〉」（以下，〈報告〉）では，①「知識・技能」，②「思考・判断・表現」，③「主体的に学習に取り組む態度」の新しい3つの観点での「目標に準拠した評価」が示された．

　先述した通りこれまでの「形成的評価（formative evaluation）」は，指導改善に資する評価観に焦点を定めていた．これからの「主体的な学び」では「学習と指導と評価の一体化」が求められ，「真正の評価（authentic assessment）」による「形成的アセスメント（formative assessment）」の要素を指向する．そこでは「学習のための評価（assessment for learning）」という形式をとり，新学習指導要領や〈報告〉で標榜している自己調整的学習においては「学習としての評価（assessment as learning）」をも希求されることになる（西岡ほか，2014）．また，それら学習評価の潮流は体育においても同様である（梅澤，2020）．

　以上のことから，これからの体育実践における評価（assessment）においては質的な分析がますます重視されることになろう．他方で，質的な研究においては信頼性と妥当性を高める必要もある．分析や解釈においては研究者によるトライアンギュレーション[*1]が重要になる．また，データ自体または分析に使用する研究方法のトライアンギュレーションが必要になる場合もあるだろう．例えば，①学習者へのインタビュー（質），②エピソード記述（質），③体育勤勉性尺度（量）のように異なる3つ以上の研究手法にて実践を評価するということである．

　「教育学における『評価』は，まさしく，子どもの姿を捉え，教育実践の改善に生かす営みそのものである」（西岡ほか，2014）が，教育の理念やビジョン，評価の観点が大幅に変革されている現在，体育科教育学における新しい量的・質的な評価研究が期待されている．

（梅澤秋久）

注

＊1　トライアンギュレーションとは，「三角測量」のように三次元以上から見とることである．インタビュー等の質的なデータの解釈／分析では3名以上の専門家の解釈が一致するまで検討することが求められる．

文献

1）　ブルーム．B. S. ほか（梶田叡一ほか訳）（1973）教育評価法ハンドブック─教科学習の形成的評価と総括的評価．第一法規：東京（原著1971年）．
2）　深見英一郎・高橋健夫・日野克博・吉野聡（1997）体育授業における有効なフィードバック行動に関する研究．体育学研究，42(3)：167-179．
3）　福ヶ迫善彦・スロト・小松崎敏・米村耕平・高橋健夫（2003）体育授業における「授業の勢い」に関する検討．体育学研究，48(3)：281-297．

4) 長谷川悦示・高橋健夫・浦井孝夫・松本富子（1995）小学校体育授業の形成的授業評価票及び診断基準作成の試み．スポーツ教育学研究，14(2)：91-101.
5) 日野克博・高橋健夫（2000）小学校における子どもの体育授業評価と学級集団意識の関係．体育学研究，45(5)：599-610.
6) 川端宣彦・大後戸一樹・木原成一郎（2005）ボール運動の戦術理解における評価に関する研究―ルーブリック（採点指針）を用いたポートフォリオ検討会に焦点をあてて―．体育科教育学研究，21(1)：1-14.
7) 小松崎敏・米村耕平・三宅健司・長谷川悦示・高橋健夫（2001）体育授業における児童の集団的・協力的活動を評価する形成的授業評価票の作成．スポーツ教育学研究，21(2)：57-68.
8) 村瀬浩二・安部久貴・梅澤秋久・小坂竜也・三世拓也（2017）小学校体育授業における体育勤勉性尺度の開発―他教科やフロー体験との関わり，学年・性別による検討―．スポーツ教育学研究，37(1)：1-17.
9) 西岡加名恵・石井英真・田中耕治編（2014）新しい教育評価入門．有斐閣コンパクト：東京．
10) 岡野昇・佐藤学（2015）体育における「学びの共同体」の実践と探究．大修館書店：東京．
11) 岡澤祥訓・北真佐美・諏訪祐一郎（1996）運動有能感の構造とその発達及び性差に関する研究．スポーツ教育学研究，16(2)：145-155.
12) 大井一徳・松田泰定（2008）デジタル教材及びデジタルポートフォリオを活用した体育授業の有効性の検討：小学校4年生の跳び箱運動の授業を対象として，スポーツ教育学研究，27(2)：83-96.
13) 大友智・吉野聡・高橋健夫・岡出美則・深見英一郎・細越淳二（2002）米国における質的体育授業研究の「目的」及び「方法」の特徴．スポーツ教育学研究，22(2)：93-113.
14) Puckett & Black (1994) Authentic Assessment of the Young Child, Macmillan College Company.
15) 鈴木直樹・齋地満（2007）体育の学習と指導を一体化する「ポートフォリオ評価」の活用に関する一考察．埼玉大学紀要教育学部，56(2)：1-13.
16) 高田俊也・岡沢祥訓・高橋健夫（2000）態度測定による体育授業評価法の作成．スポーツ教育学研究，20(1)：31-40.
17) 高橋健夫・中井隆司（1991）体育授業における教師行動に関する研究．体育学研究，36(3)：193-208.
18) 高橋健夫（2000）子どもが評価する体育の授業過程の特徴．体育学研究，45(2)：147-162.
19) 梅澤秋久（2002）体育でのポートフォリオ評価―長期間にわたる子どもの見つめ方―．体育科教育，50(9)：30-33.
20) 梅澤秋久（2005）「評価から学びへの連動」のためのポートフォリオ評価の有効性に関する研究．学校教育学研究論集，11：117-128.
21) 梅澤秋久（2006）小学校体育学習におけるデジタルポートフォリオの有効性に関する研究，神奈川体育研究，39：17-22.
22) 梅澤秋久（2007）保護者への学習状況説明に及ぼすポートフォリオの影響：小学校体育授業における保護者による学習状況理解からの検討．体育科教育学研究，23(2)：1-14.
23) 梅澤秋久（2012）確かな学力の定着に向けた「指導と評価」の在り方について：ポートフォリオとルーブリックの開発．体育科教育学研究，28(1)：51-56.
24) 梅澤秋久（2020）新学習指導要領に対応したこれからの体育の評価の方法．体育科教育学研究，36(1)：55-60.
25) Wiggins & McTighe (1998) Understanding by Design, ASCD.

第7章

歴史研究・実践史研究

体育科教育あるいは体育実践という社会的事象がどのような経緯をたどって今日のように形成されてきたのかというテーマを時間軸に沿って明らかにするのが歴史研究の一般命題であろう．歴史研究（実践史研究を含む）においては，研究者の問題意識（仮説＝歴史観）とその仮説を裏づける資料（史資料＝エビデンス）が決定的に重要となる．また，学際科学・実践科学としての色彩が強い体育科教育学においては，過去の資料から日々の実践に直接役立つ情報を抽出するという側面が重視されるが，歴史研究の意義は，それにとどまらず，そもそもの存在意義やあるべき姿を問う点に固有の意義があることを忘れてはならない．体育科や体育実践の「意味」を根本的・本質的に問い直すという態度・視点は，学術研究に携わる者にとっては必須の教養である．とりわけ，学問としての不確実性やアイデンティティの問題を抱える体育科教育学においては，歴史研究の役割は小さくない．

1 ― 先行研究の概要

体育科教育を直接的な研究対象とする研究分野，体育の授業を対象とした学問における，歴史研究・実践史研究は極めて少ない．日本体育科教育学会が設立されたのが1995年であるが，過去20年（2000年以降）の全国学会誌（『体育科教育学研究』）における歴史的手法（過去の資料の解釈）による研究はわずかに6本である．類似の研究領域と考えられる日本スポーツ教育学会の全国学会誌（『スポーツ教育学研究』）においても，歴史的手法によるものであると考えられる研究は17本であった[*1]．両者を通して実践史という研究方法をテーマに明示していたものは，わずかに1本であった．また，2011年に刊行された日本体育科教育学会編の『体育科教育学の現在』（創文企画）における研究方法論の解説においても，その説明が割愛されている．「体育科教育実践の改善」「よい体育授業を創りだすために必要とされる事柄」を標榜する体育科教育学研究においては，すぐに授業に役立つ直接的な知見を産出しない，歴史研究・実践史研究は，等閑視される傾向があるといえそうである．

『体育科教育学研究』『スポーツ教育学研究』における，歴史的手法による研究は概ね以下のように分類することが可能である．①国内外の政策や制度の変遷，②価値観・思想の変遷，③人物史，④文化史・教材史．いずれの研究においても，過去の教育実践の豊かさ，あるいは誤謬を再発見・再構成することを目指し，支配的な政策，制度，価値観，思想，人物像，教材観を，批判的に検討している点に特徴がある．

2 ― 歴史研究・実践史研究の典型事例

以下,『スポーツ教育学研究』と『体育科教育学研究』に掲載された,体育科や体育実践の「意味」を問い直している2つの論文に着目し,歴史研究のあり方について検討する.

（1）必修クラブの制度化と変質過程の分析（神谷拓, 2007）

① 問題意識と研究の目的

神谷は,運動クラブおよび部活動を学校教育に位置づける現場からの声や為政者の見解が存在する（あるいは,実践的には重要な位置を占めている）にもかかわらず,それを保障（制度化）すべき学習指導要領がそのことを曖昧にしてきた（＝変質過程）のではないかと問題提起し,その過程（変遷）を,史資料（エビデンス）を示し分析・考察,今後のクラブおよび部活動のあり方についての基礎的な知見を産出することを目的としている.

② 研究の方法――研究対象,資料収集の着眼点とその内実

神谷は,上記の目的を達成するために,学校のクラブおよび部活動中の事故とその判例に着目し,学習指導要領との関係を研究対象に据えている.そこには,学校現場における事故に関わる裁判においては,そこでの指導者の責任や行政の瑕疵が争点となり,文部科学省の立場,学習指導要領の位置づけ・解釈,それをめぐる社会的評価が明示され,制度としての問題性と課題が明らかになるであろうという作業仮説が存在する.具体的には,当時の雑誌,文献,新聞,国会答弁を史資料とし,学習指導要領の改訂に関わる人たちの言説と関わりを分析・検討している.

③ 研究の成果と課題

神谷は,クラブの必修化が「東京オリンピック（1964年）開催」を背景に学習指導要領に突然明記され（1969年）,「学校のスリム化」を背景に明記されなくなる（中学校1998年,高等学校1999年）期間の,判例で示された方針と文部科学省の見解の矛盾を,「超過勤務手当請求権」「立ち合い義務」「注意義務違反」を切り口に,描き出している.その上で,学習指導要領にクラブおよび部活動を明記し,学校・教師の管理責任を明記することの必要性を主張するとともに,そのための施設・設備の条件整備と教育内容・方法の充実が課題であることを指摘している.

（2）定時制高等学校における体育教師の指導に関する実践史的研究（岡田悠佑, 2018）

① 問題意識と研究の目的

岡田は,体育科教育学においては,戦後,特に1960年代以降の学校体育史の記述が学習指導要領を主な資料としている点,定時制高校の取り組みが十分検討されてこなかった点を,問題であると指摘し,商業雑誌（『体育科教育』）に連載された実践記録を史資料（エビデンス）として,定時制高校における体育教師の実践の価値を見出す（意味を問い直す）ことを目的としている.

② 研究の方法──資料収集の着眼点と内実

　岡田は，上記の目的を達成するために，実践の意味を検討する際の概念装置として「包摂」と「排除」を導入している．そこには，「包摂」と「排除」が，戦後の「教育の機会均等」(旧教育基本法)，「大衆教育社会」(苅谷, 2009) を目指した日本の学校教育の量的拡大期における教育実践の問題 (矛盾と葛藤) を，解釈・克服するのに有効であるとの作業仮説が存在する．論文の前半部分は，概念導入の妥当性の説明に割かれている．

③ 研究の成果と課題

　岡田は，定時制高校そのものが，戦後日本の学校教育の量的拡大過程で「排除」された生徒の「包摂」の場であること，そこでの体育教師は，体育授業，運動部活動，その他，の場面において，教師が自己変革を遂げつつ「包摂」を試みていることを描き出し，法的拘束力を強めた学習指導要領に規定されつつも，豊かで多様な実践が存在していたことを明示した．今後もそのような実践を発掘，記述，発信することが課題であると強調している．

(3) 2つの典型事例から学ぶ

　歴史研究の価値は，まずは何といっても史資料に規定される．例えば，神谷論文は，「必修クラブ制度に関わる判例」並びに関連の文献，雑誌，新聞，国会答弁が史資料であった．岡田論文は，「定時制高校の実践記録」が史資料であった．古代や中世の歴史研究においては，史資料の発掘・発見そのものが研究の価値を決定づけることも多く，その信憑性自体が議論になるが，近代以降，とりわけ戦後の学校体育の事象を研究対象とする場合には，解釈や意味づけ (分析) のための仮説，研究者自身の歴史観並びに現代社会の認識等の視点が重要になると考えられよう．
　神谷論文においては，「超過勤務手当請求権」「立ち合い義務」「注意義務違反」が，体育教師と学習指導要領の関係を炙り出すための視点であり，文部科学省の曖昧な姿勢を可視化することに成功している．岡田論文においては，「包摂」「排除」が，生徒と学校，生徒と体育教師の関係を吟味するための概念装置であり，史資料から定時制高校の取り組みが「包摂」にあたることを指摘している．社会的事象を批判的に検討し，新たな意義や意味を見出すためには，ユニークな視点あるいは概念装置の導入が不可欠であり，それらが研究の価値を大きく左右すると考えられる．
　さらに，歴史研究においてはその事象が生起した時代や社会との関係，つまりは実践の持つ時代制約性や社会的背景をどのように捉えるかが重要となる．神谷論文は，そもそも社会的要請の代弁者としての文部科学省の見解や立場を批判的に検討することが主眼であり，史資料の収集段階からそのことが意識されている．一方，岡田論文は，法的拘束力を持った学習指導要領体制下においても自由な体育実践が多様に展開されていたという事実を学術レベルで記述することが主眼であり，学習指導要領そのものの時代制約性や社会情勢との関係についての言及は希薄である．実は，この両者の相違点は，研究の最初 (問題意識) と最後 (結語＝主張) に如実に表れている．神谷論文が，実践現場の問題からスタートしているのに対し，岡田論文は，学術研究内容の問題からスタートしており，結語においても，神谷論文が学習指導要領・文部科学省に変革を促しているのに対し，岡田論文は，多くの名もない実践を発掘・記述することの重要性を主張している．神谷は，学習指導要領の制度の矛盾，岡田は，我々の体育実践観並びに学術研究の一面性を指摘するという形で，体育科教育における，実践・研究の意味を問い直しているといえる．歴史研究のための立論・研究デザ

インの違いは，ある意味で2つの典型が存在することを示唆しているといえよう．

3─研究のための史資料について

　体育科教育学が対象とする社会的事象は，概ね近代国家の成立とともに誕生した国内外の近代学校における体育的活動である．日本に限らず，学校体育は，近代国家の成立過程において，学校教育と軍事教育を結ぶ環として誕生・発展してきた経緯がある．日本では，明治維新から，第二次世界大戦敗戦までの時期がその時期であろう．表1は，学習指導要領の変遷を踏まえた日本の体育科教育の歴史を概観したものである．戦後「日本の民主化・非軍事化」を進める連合国軍最高司令官総司令部（GHQ）の指導のもと，日本の体育は，軍国主義体育と決別し民主体育を目指すこととなった（民主社会建設の時代）．その後のGHQの方向転換（教育の逆コース，1958年改訂以降）により，紆余曲折があり今日にいたっている．現代においても，民主体育を標榜する体育科教育学の目指す方向と，学校現場における体育実践の実態との乖離は甚だしい（軍事教練紛いの集団行動や体育指導者の体罰容認体質はその象徴）．実は，学術レベルにおいても，戦前と戦後における連続面と非連続面についての研究は不十分であるといわざるを得ない．菊（2011, p.51）は，「戦後体育は，すでに戦前の身体に対する規律訓練型体育を脱却したといわれているが，果たしてその根本的なところではどうなのか」と問題提起している．そもそも，社会の基底にある人々の考え方，心性や慣習などの文化はゆっくりと変化するものであり，体育教師や体育をとりまく社会的・文化的環境も例外ではなかろう．このような歴史の表層と深層の内実並びにその関係を明らかにするのが，歴史研究の任務であり，そこでの実践のリアルな姿を描くのが実践史研究の課題であろう．

表1　学習指導要領の変遷を踏まえた体育科教育の歴史

社会区分		国家レベル基準 （学習指導要領等）		キーワード	実践・社会情勢
戦　前		1886 ～ 1913 ～ 1943 ～	体操科 学校体操教授要目 体錬科	規律訓練体育	富国強兵政策 近代国家樹立
戦 後	民主社会建設	1945 ～	生活体育	コアカリキュラム グループ学習 民間教育研究団体	教育基本法成立 神奈川太田小，常陸太田小，浦和の体育研究の諸実践
	高度経済成長	1958 ～	体力づくり	「格技」復活，学3体育 教育の逆コース	特設「道徳」，スポーツ振興法（1961），スポーツテスト開始，東京五輪開催（1964）
		1968 ～		系統指導	
	脱産業社会	1977 ～	楽しい体育	ゆとり教育 個性化・個別化	生涯スポーツ，運動の教育
		1988 ～		「格技」⇨「武道」	
		1998 ～		生きる力，体つくり運動 日の丸・君が代義務化	教育基本法改正（2006）
	知識基盤社会	2008 ～	（21世紀の体育）	生きる力 基礎・基本	スポーツ振興法・改正（2011） スポーツ庁設置（2015）
		2018 ～		"銃剣道"掲載	大学スポーツ協会設立 東京五輪開催（延期）（2020）

岡田論文が対象としていた『体育科教育』誌に掲載されていた実践は，「教育の逆コース」の始まりといわれている1958年の改訂から20年，高度経済成長時代の体力づくり体育の反省から，ゆとり教育や個性化・個別化が叫ばれる時代の実践である．「格技」という名称での武道の復活，「集団行動」という名称での規律訓練の復活が，ある意味体育科教育における「逆コース」の現れと捉えることができよう．岡田は，「逆コース」という一面的な見方を克服する視点として「包摂」と「排除」という概念を導入し，学習指導要領体制下においても自由な発想の教育実践が存在することを明示し，「逆コース」という視点の一面性を炙り出している[*2]．歴史研究の真骨頂は，前提となる歴史観や思考を批判的に検討する点にあり，岡田論文はその典型の1つであるといえよう．しかしながら，『体育科教育』誌に掲載された実践あるいは実践者の多くは，「逆コース」に抗い，学習指導要領を乗り越えるために，教職員組合の教育研究集会や民間教育研究団体に集い学ぶ教師たちである．『体育科教育』誌にはその一部が掲載されたに過ぎず，史資料の発掘が歴史研究の第一歩であるとするならば，これらの教職員組合や民間教育研究団体の研究集会や学習会で扱われた資料やその後刊行された実践記録集を収集し分析検討することによってさらに研究は深化・発展するのではなかろうか．

4 ─ 歴史研究・実践史研究のこれから

　最後に，典型事例の検討を踏まえて，今後の歴史研究・実践史研究の課題を2つ述べる．
　第一は，学術レベルや公文書で目につきにくい，全国津々浦々の名もない学校の研究紀要や実践記録あるいは「逆コース」に抗う実践記録や実践者の声を，史資料として発掘・収集するという点である．体育に限らず教育実践のメカニズムは，社会的な力関係や政治性に深く支配される社会的事象である．教育実践の多様な位相あるいは深層を把握するためには，すぐには手に入れることのできない史資料の発掘が重要な課題であろう．以下は，戦後民主体育実践を考察するための入門的な実践記録集の一部である．
・城丸章夫・荒木豊・正木健雄編 (1975) 戦後民主体育の展開　理論編．新評論．
・城丸章夫・荒木豊・正木健雄編 (1975) 戦後民主体育の展開　実践編．新評論．
・小林篤 (1988) すぐれた体育の実践記録に学ぶ．明治図書．
・久保健編 (1997) からだ育てと運動文化．大修館書店．
・出原泰明 (1997)「みんながうまくなること」を教える体育．大修館書店．
・中村敏雄編 (1997) 戦後体育実践論　第1巻　民主体育の探究．創文企画．
・中村敏雄編 (1997) 戦後体育実践論　第2巻　独自性の追求．創文企画．
・中村敏雄編 (1998) 戦後体育実践論　第3巻　スポーツ教育と実践．創文企画．
・中村敏雄編 (1999) 戦後体育実践論　資料編　戦後体育実践主要論文集．創文企画．

　第二は，これからは，グローバルな視点で史資料を発掘し読み拓く必要があるという点である．国内の実践であってもグローバル化の進んだ現代社会においては国際的な影響を受けないことはない．例えば，そもそも，戦後の「民主体育」をリードしたのは，GHQである．その第一歩となった「学校体育指導要綱」の制定過程の研究では，アメリカ合衆国情報公開法の制定によって閲覧可能となった，会議議事録 (MINUTES OF CONFERENCE) や担当官の日報 (CONFERENCE/REPORT) が史

資料となっている*3．また，体育科の成立根拠や体育授業の必要性をめぐる「意味」の問い直しは世界的な動向であり，「あらゆる次元における規律訓練型近代体育モデルの排除と，この排除を前提とした体育カリキュラムの現代化の実現がグローバルなレベルで共通な課題である」(菊, 2011, p.54) という．歴史研究では，その当時の社会的背景や時代制約性と同時にこのような国際的・現代的視座から史資料を読み拓くことが求められる．研究者の問題意識 (仮説＝歴史観) が問われる所以であろう．

（中瀬古哲）

注

＊1 歴史研究と明記されていない政策や理論の検討を主眼とした研究も史資料を扱っているものはすべてカウントした．
＊2 岡田・友添(2013)は，「逆コース」の一面性，二分法的思考の問題性を指摘している．
＊3 例えば，草深直臣(1995)がその1つである．この論文は，歴史研究の論文作成のためのテキストとしても参考になる．

文献

1) 神谷拓(2007)必修クラブの制度化と変質過程の分析．スポーツ教育学研究, 26(2):75-88.
2) 苅谷剛彦(2009)教育と平等—大衆教育社会はいかに生成したか．中央公論新社:東京．
3) 菊幸一(2011)体育カリキュラムの社会的構成をめぐる諸相:その政治的性格を問う．日本体育科教育学会編, 体育科教育学の現在．創文企画:東京．p.51, 54.
4) 岡田悠佑・友添秀則(2013)中村敏雄の学校体育論における理論的出発点に関する一考察．体育学研究, 58:123-133.
5) 岡田悠佑(2018)定時制高等学校における体育教師の指導に関する実践史的研究．体育科教育学研究, 34(2):1-16.
6) 草深直臣(1995)「学校体育指導要綱」制定を巡る問題点．立命館大学産業社会論集, 31(3):23-64.

第8章

教師教育研究

1 — 今,なぜ教師教育を研究するのか

　今，なぜ教師教育のあり方が問われ，またそれを研究するのか．その理由として，社会的な要請と政策的な要請といった大きく2つの側面が挙げられる．

　まず，前者の社会的な要請についてである．子どもが義務教育を終えるまでに学校で過ごす時間は，約1万5千時間を超える．しかも，その大半は授業を受ける時間である．そして，その授業の質は，授業を行う「教師」の質に依存する．そのような中，「教師」や教師教育の質を左右する条件の1つとして，「教師教育者 (Teacher Educator)」の存在が注目されている（例えば，武田ほか，2012; 岩田ほか，2018）．つまり，子どもの成長や授業の質を担保していくことは，教師や「教師教育者」の質をどのように保障していくべきかの課題と密接不可分であるといえる．そのような意味で，現在の日本では，教師や「教師教育者」の質向上に向けた社会的な要請がなされている．

　一方，後者の政策的な要請である．近年，日本では教員の資質能力（例えば，中教審答申，2012）や大学の教職課程担当教員の資質能力の向上等（例えば，中教審答申，2015）といった各種答申における教師教育改革の議論が俎上に載せられた．1980年代以降，日本の教師教育政策は，欧米諸国と比較して停滞しているとの評価や批判も少なくなく（例えば，吉岡，2008），そのような指摘や批判を乗り越えるために，持続的に質の高い教師を育てる仕組みと，そのような教師を育てる専門性の高い教師教育者を育てる仕組みを構築していく政策が喫緊の課題として挙げられている．

　以上のように，教師教育のあり方は，その時代に求められる社会問題や教育課題の影響を受け，その変革が求められている．しかも，その改革は，グローバル化という名のもと，世界的な興味・関心事として政策が打ち出され，研究の成果の蓄積が必要となっている．ゆえに，教師教育研究とは，概して授業を媒介として子どもの発達や成長に寄り添う教師を励ますとともに，その教師の成長を支援していく「教師教育者」の質保障も含意しながら研究を進めていく相互補完的な研究領域といってもよいであろう．

　以下，本章における教師教育研究を論考するために，Loughran, J. and Hamilton, M. L. (2016)『International Handbook of Teacher Education Vol.1-2』からヒントを得たい．そのハンドブックは，4部（「教師教育の組織や構造」「教師の知識や実践」「教師教育者」「学生の学習」），23章で構成されており，また各章にはトピックが付されている．これを参照しながら，まず次節の「2. 教師教育研究の典型事例」では，「学生の学習」である教員養成を皮切りにし，「教師の知識や実践」と「教師教育者」の2つの視座から先行研究を概説していく．さらに「3. 参考となる図書や論文」の節では，先で

概説した先行研究の中から必読してほしい論文を観点ごとに列挙する．最後に，まとめの節「4．教師教育研究のこれからの研究課題」として，欧米と日本の「教師教育の組織や構造」の差異にも目を向けながら，教師教育研究のこれからの展望や課題について言及する．

2── 教師教育研究の典型事例

(1)「教師の知識や実践」の典型事例

　高井良 (2007) は，教師研究を3点の問題領域に整理している．それは，①教職生活とキャリア形成に関する研究（力量形成[*1]，ライフサイクル，ライフコース，ライフヒストリーなど），②教師の葛藤に関する研究（多忙化，ストレス，バーンアウトなど），③教師文化に関する研究（同僚性，プライバタイゼーション，職業意識，ジェンダーなど）の3点である．そこで，この高井良 (2007) の問題領域を援用して，本節における「教師の知識や実践」の典型事例を「①教職生活とキャリア形成に関連する研究」と「②教師の葛藤や学校文化に関する研究」の2つの側面から紹介していく．

①教職生活とキャリア形成に関連する研究

　ここ十数年，リフレクションが専門職における重要な鍵概念として盛んに論じられている（例えば，ショーンほか，2007）．もちろん，それは教職でも同様で，教職のキャリア形成において，いかにリフレクションを持続的に行っていくことが重要なのかが問われている．それでは一体，教師は，どのようにリフレクションし，力量形成をなしていくのであろうか．なお，リフレクションの概念やその定義，そして意義に関しては，非常に複雑かつ多様に議論がなされている（例えば，久保・木原，2013）．

　まず，教師の知識や思考の過程がリフレクションという側面から研究が進められている点である．周知の通り，1980年代にアメリカのスタンフォード大学の認知心理学者Shulman, L.が「教師の知識」領域とその思考の構造を解明した影響力は大きい（Shulman, 1987）．それに伴って，体育教師教育分野では，教員養成における体育科の学生たちの知識研究をまとめたTsangaridou (2006) やEscot (2000) など，体育教師の内容知識 (content knowledge) の内実に迫る有益な研究が蓄積されている．もちろん，日本においても，北澤・鈴木 (2013) や濱本ほか (2020) などの有益な先行研究もある．例えば，濱本ほか (2020) では，教育実習中における体育科実習生の「授業における知識」とリフレクションの関係性について実証的に明らかにしている．

　一方，中等の体育教員養成段階における「指導法に関する科目」における模擬授業で適用すべき「リフレクション・シート」の開発（岩田ほか，2009）や，教育実習中における体育科実習のリフレクションの研究（川口，2018）などもある．また，初等教員養成における体育科の改善を意図した模擬授業に加えて教育実習前後における心配調査（木原，2011）をはじめ，久保ほか (2008) や村井ほか (2011) の研究では，小学校での教育実習におけるリフレクションの変容を教育実習生や指導教員の支援などに着目して論考している．このように，リフレクションを基軸に置いた教師の知識や思考を明らかにしようとする研究は多岐にわたる．

　そして，教師の行動や能力を規定する観（教師や授業など）や信念を明らかにした研究である．例えば，教員養成段階であれば，教育実習前後における学生たちの体育授業観の変容に関する事例研

究（嘉数・岩田，2013）がある．一方，現職教育の段階でも，体育教師の学びと成長を信念という視点から多様な研究方法で明らかにした研究（朝倉，2016）や体育教師が有する教師観の変容（須甲・四方田，2013）などもある．このように，教師の力量形成を観や信念といった側面から明らかにしようとする研究も見られるようになった．

②教師の葛藤や学校文化に関する研究

　ここでは，まず教師の葛藤や学校文化に関連する先行研究を概観する．第一に，教師の葛藤，とりわけ初任期の教師における「リアリティ・ショック」（Gold, 1996）に着目した小学校教師の葛藤を質的なアプローチから描いた木原（2011）の研究は興味深い．さらに，近年，教職の離職問題を抑制する重要な概念として「レジリエンス」（C・デー・Q・グー，2015）があるが，そのような観点からも保健体育科教師の葛藤や学校文化における変容などを見とることも肝要であろう．もちろん，初任期だけでなく，中堅教師やベテラン教師におけるバーンアウトについても大きな課題として挙げられる（紅林，1999）．

　第二に，小学校教師の体育授業に対するコミットメントを促す要因の研究（四方田ほか，2013）や体育教師における授業の力量形成に関するライフヒストリーの研究（木原ほか，2016）も特質すべきトピックである．

　以上より，体育教師の力量形成，とりわけ体育教師の知識や思考，そしてリフレクションとの関係から，体育教師の葛藤やライフヒストリーをリアルに描いていくような研究が蓄積されつつある．しかし，日本の学校文化の中における体育教師の役割や意義，そしてジェンダーによるキャリアパスの差異（例えば，井谷ほか，2007）といった報告や研究は少ない．したがって，今後は，そのような学校文化や多様性といった観点からの研究の蓄積も必要となるであろう．

(2)「教師教育者」研究の典型事例

　欧米と違って，日本では「教師教育者」という用語が市民権を得ているわけではない（武田ほか，2012）．ここでいう「教師教育者」とは，「教員養成や現職教育に，高等教育機関や各種学校に公式に従事している人々を指す」（Swennen and Van der Klink, 2008, p.3）．例えば，日本の「教師教育者」とは，高等教育機関における大学教員や大学院生，そして学校現場では研究主任，指導教員や，教育委員会関係の指導主事，さらに民間では教育研究サークル代表などが該当するであろう（岩田，2016）．しかし，それぞれの立場ごとにどのような役割があり，どのように「教師教育者」として専門性開発を行ってくのかといった研究は未開拓分野である．しかも，多くの「教師教育者」が，特別なトレーニングを受けずにその職についており，ほとんどの場合，同僚からの支援も受けていないという実態もある（例えば，Korthagen and Russell, 1995）．

　一方，欧米の教師教育研究に目を向ければ，「教師教育者」の役割（Lunenberg et al., 2014）やアイデンティティの変容（Murray and Male, 2005; Swennen et al., 2010），そして調和された教師教育（congruency teacher education）*2，つまり「言行一致の教師教育」（Swennen et al., 2008）といった研究など，日本ではまだ着手されていない研究が見られる．例えば，そこでは教師から「教師教育者」に移行する際に，必ず葛藤や障壁が生じることが報告されている（Murray & Male, 2005）．さらに，ここ十数年では，「教師教育者」自身の実践を改善する「self-study」（セルフスタディ）という研究方法論が流布している（例えば，Zeichner, 2005; Lunenberg et al., 2014）．セルフスタディを定義することは難解であるが，誤解を恐れずにいえば，教師や教師教育者が，自らの研究を共有したり，実践を発展さ

せたりするための新しい教師教育の研究手法の1つといえるであろう（Ovens and Fletcher, 2014）．また，教師教育者のセルフスタディは，教師のそれが実践の改善を主とするのに対して，学者として新たな知見を生み出す研究とすることが重要とされている（Lunenberg et al., 2014）．しかも，セルフスタディの特徴として，自らが従事している特定の職業に着目し，その中に内在する責任や信念，知識などについて価値づけをしていくことが可能となる（Ovens and Fletcher, 2014）．すなわち，教師のみならず，「教師教育者」たちは，セルフスタディを1つの手段として自らの成長，つまり専門性開発に努めている．しかし，日本のセルフスタディの研究は緒についたばかりであり，黎明期といってよいであろう（ロックラン&武田, 2019）．

　以上より，「教師教育者」自身の専門性開発の研究や促進要因としての研究手法の模索など，そのアプローチは多様であり，今後，日本の教職大学院における実務家教員のあり方や行政サイドの指導主事の専門性に対して示唆に富む側面として期待される研究となっている．

3.参考となる図書や論文

⑴体育教師教育に関する文献研究
・Eileen, M., MacPhail, A. and Heikinaro-Johansson, P. (2015) Physical education teacher educators: A 25-year scoping review of literature.
・四方田健二・須甲理生・岡出美則 (2015) 英文学術誌掲載論文における体育科教師教育研究の研究方法の動向：2002年-2011年の10年間を対象として．
・江藤真生子・嘉数健悟 (2019) 体育科教師教育研究の動向と課題について：Tinningの理論的方向性による研究の分類から．

⑵体育教師や教師教育者の専門性開発に関する研究
・朝倉雅史 (2016) 体育教師の学びと成長：信念と経験の相互影響関係に関する実証研究．
・岩田昌太郎・草原和博・川口広美 (2018) 教師教育者の成長過程に関する質的研究—TAの経験はアイデンティティ形成にどのように影響を与えるか—．

4—教師教育研究のこれからの研究課題

（1）理論と実践の往還を可能にする教師教育研究

　周知の通り，戦後の日本における教師教育制度は，「大学における教員養成」と免許状授与の「開放制」の2つの原則によるものであった．そのような原則・制度は，世界的に見てもある意味，日本の特徴ともいえる．しかし，過去から現在まで指摘され続けているのは，大学における「理論」と学校現場の「実践」の乖離の問題である．さらに，日本の文脈では，教職大学院の設置やそこで従事する実務家教員のあり方が問われ，「教師教育者」という専門職の認知や専門性開発が大学と学校，そして教育行政が有機的に統合するキーパーソンになってくるであろう．そのためにも，教

師と「教師教育者」の2点がセットとなって研究が進み，職能成長の過程や専門性開発（プログラムやスタンダードなど）が前向きに検討されることが期待される（草原, 2019）．そのような意味でも，教師教育を支える対象者を拡張しつつ，その専門性開発やプログラム開発が急務であろう．

　他方，現在の体育科教師教育研究において，理論的枠組みの検討の不十分さや研究方法論についての不整備が指摘されている（四方田ほか, 2015）．日本では，ようやく江藤・嘉数 (2019) が，Tinning (2006) の基本的な概念構造を研究の枠組みとする理論的方向性 (theoretical orientations) を用いて体育科教師教育研究の検討を試みている．「無理論的な調査は不可能である」(Schwandt, 1993, p.7) といわれる．理論的枠組みは，すべての調査の基盤であり，とりわけ質的研究においてすべて存在するものである（メリアム, 2004）．グローバル化の中で教師教育研究を進展させていく上で, 世界共通の理論を基盤として，体育の教師教育研究を発展させていくことも肝要となるであろう．

(2) 教師教育研究の研究方法論の吟味

　ここでは川口 (2015) の主張する「科学主義 (Scientific/Positivism)：法則を見つける研究」と「解釈主義 (Interpretivism)：意味を理解する研究」，「批判主義 (Criticism)：変革を志向／実践する研究」の3類型を考慮しながら，研究のデザインを実行していくことを強調しておきたい．さらに，分析の手段としては, 量的研究, 質的研究, そして「混合研究」のアプローチが考えられる（クレスウェル, 2010; 前田, 2020）．このように，まずは研究の分類やその主義を基盤として，仮説や得たいデータに即してアプローチを選定し，その信頼性と妥当性を確保しながら研究を進めていくことが必要である（メリアム, 2004）．

　英文学術誌における教師教育研究は，質的研究と混合研究を含めた質的データを用いた論文が多くを占める傾向にある（四方田ほか, 2015）．しかも，上述しているように日本における教師教育研究の理論的枠組みや質的データの収集および分析方法や信頼性・妥当性の確保は欧米の論文ほど体系化されているとはいい難い．したがって，今後は教科教育という各教科と共同的に教師教育研究の研究方法論をグローバルにも構築していくことも重要となるであろう．

　以上，2つの視点から今後の教師教育研究の展望を述べてきた．しかし，大切なのは2つの視点が有機的に結びつき「線」にしていくことで，本来の教師教育という一貫した概念が充実・発展し研究に結実していくことを期待する．

（岩田昌太郎）

注

＊1 「力量形成」は，「資質・能力」「実践的指導力」「専門性開発（professional development）」などと関連して使用される用語である．

＊2 調和された教師教育（「言行一致の教師教育」）には、具体的に「明示的なモデリング（explicit modeling）」「暗黙的なモデリング（implicit modeling）」，そして「正当化（legitimize）」といった3つのポイントが重要であることが指摘されている．

文献

1)　朝倉雅史（2016)体育教師の学びと成長:信念と経験の相互影響関係に関する実証研究. 学文社:東京.

2) 中央教育審議会(2012)教職生活の全体を通じた教員の資質能力の総合的な向上方策について(答申). 平成24年8月28日. 文部科学省, p.19.

3) 中央教育審議会(2015)これからの学校教育を担う教員の資質能力の向上について〜学び合い, 高め合う教員育成コミュニティの構築に向けて〜. 平成27年12月21日. 文部科学省, p.37.

4) ドナルド・A・ショーン, 柳沢昌一・三輪建二監訳(2007)省察的実践とは何か. 鳳書房:東京.

5) C・デー・Q・グー, 小柳和喜雄・木原俊行監訳(2015)教師と学校のレジリエンス 子どもの学びを支えるチーム力. 北大路書房:京都.

6) Eileen, M., MacPhail, A. and Johansson, H. P. (2015) Physical education teacher educators: A 25-year scoping review of literature. Teaching and Teacher Education, 51: 162-81.

7) Escot, A. C. (2000) The Contribution of Two Research Programs on Teaching Content: "Pedagogical Content Knowledge" and "Didactics of Physical Education". Journal of Teaching in Physical Education, 20(1): 78-101.

8) 江藤真生子・嘉数健悟(2019)体育科教師教育研究の動向と課題について―Tinningの理論的方向性による研究の分類から―. 体育科教育学研究, 35(2):1-16.

9) Gold, Y. (1996) Beginning teacher support: Attrition, mentoring, and induction. In Sikul J. (Ed.) Handbook Research on Teacher Education, 2nd ed., pp.548-594, New York Macmillan.

10) 濱本想子・岩田昌太郎・齊藤一彦(2020)体育科教育実習生の「授業における知識」の特徴と変容に関する事例研究:協議会でのリフレクションに表出する「授業における知識」に着目して. 体育学研究, 65:53-71.

11) 井谷恵子・片田孫朝日・若林順子・日比健有(2007)高校体育授業における教師―学習者の相互作用に関するジェンダー視点からの検討―. スポーツとジェンダー研究, 5:56-64.

12) 岩田昌太郎・久保研二・嘉数健悟・竹内俊介・二宮亜紀子(2009)教員養成における体育科目の模擬授業の方法論に関する検討―「リフレクション」を促すシートの開発―. 広島大学大学院教育学研究科紀要第Ⅱ部(文化教育開発関連領域), 59:329-336.

13) 岩田昌太郎(2016)最近の教師教育政策. 桶谷守・小林稔ほか2名編. 教育実習から教員採用・初任期までに知っておくべきこと―「骨太の教員」をめざすために―. 教育出版:東京, pp.3-6.

14) 岩田昌太郎・草原和博・川口広美(2018)教師教育者の成長過程に関する質的研究―TAの経験はアイデンティティ形成にどのように影響を与えるか―. 日本教科教育学会, 41(1):35-46.

15) J. W. クレスウェル・V. L. プラノクラーク, 大谷順子訳(2010)人間科学のための混合研究法―質的・量的アプローチをつなぐ研究デザイン―. 北大路書房:京都.

16) ジョン・ロックラン・武田信子(2019)J. ロックランに学ぶ教師教育とセルフスタディ 教師を教育する人のために. 学文社:東京.

17) 嘉数健悟・岩田昌太郎(2013)教員養成段階における体育授業観の変容に関する研究―教育実習の前後に着目して―. 体育科教育学研究, 29(1):35-47.

18) 川口広美(2015)海外研究誌に学ぶ「斬新な研究」. 草原和博・溝口和宏・桑原敏典編著. 社会科教育学研究方法ハンドブック. 明治図書:東京, pp.201-217.

19) 川口諒(2018)体育教員養成課程の模擬授業における学生の「リフレクション」の実態に関する事例研究:他者の実践を対象とした協議会における「リフレクション」に着目して. 広島大学大学院教育学研究科紀要. 第二部, 文化教育開発関連領域, 67:259-268.

20) 北澤太野・鈴木理(2013)体育教師教育研究の課題と方法をめぐる論議. 体育科教育学研究, 29(2):25-34.

21) 木原成一郎(2011)教師教育の改革 教員養成における体育授業の日英比較. 創文企画:東京.

22) 木原成一郎・林俊雄・大後戸一樹(2016)授業の力量形成に関するライフヒストリー研究―A氏の体育授業を中心に―. 学校教育実践学研究, 22:217-227.

23) Korthagen, F. and Russell, T. (1995) Teachers who teach teacher: Some final consideration. In Russell, T. and Korthagen, F. (Eds.) Teachers who teach teachers: Reflections on teacher education.

24) 草原和博(2019)教師教育者の専門性開発の理念と方法―教師教育の質を高める3つのアプローチ―. 社会系教科教育学会編. 社会系教科教育学研究のブレイクスルー―理論と実践の往還を目指して―. 風間書房:東京, pp.308-318.

25) 久保研二・木原成一郎・大後戸一樹(2008)小学校体育科授業における「省察」の変容についての一考察. 体育学

研究, 53(1):159-171.

26) 久保研二・木原成一郎(2013)体育教師教育におけるリフレクション概念の検討. 広島大学大学院教育学研究科紀要 第一部(学習開発関連領域), 62:89-98.

27) 紅林伸幸(1999)教師のライフサイクルにおける危機―中堅教師の憂鬱―. 油布佐和子編, 教師の現在・教職の未来―あすの教師像を模索する―. 教育出版:東京, pp.32-50.

28) Lunenberg, M., Dengerink, J. and Korthagen, F. (2014) The Professional Teacher Educator. Rotterdam: Sense Publishers.

29) Loughran, J. and Hamilton, M. L. (2016) International Handbook of Teacher Education, Vol.1 & Vol.2: Springer.

30) 前田一篤(2020)日本の体育教師教育研究における研究方法に関する一考察―研究アプローチとリサーチクエスチョンの関係性を手掛かりに―. 広島大学大学院教育学研究科紀要第1部, 68:253-260.

31) メリアム, 堀薫夫ほか訳(2004)質的調査法入門:教育における調査法とケース・スタディー. ミネルヴァ書房:京都, pp.66-72.

32) 村井潤・木原成一郎・大後戸一樹(2011)小学校教育実習における指導の特徴に関する研究:実習生の実態を踏まえた反省会での指導に着目して. 体育学研究, 56(1):173-192.

33) Murray, J. and Male, T. (2005) Becoming a Teacher Educator: Evidence from the Field. Teaching and Teacher Education, 21(2): 125-142.

34) Ovens, A. and Fletcher, T. (2014) Self-Study in Physical Education Teacher Education: Exploring the interplay of practice and scholarship. Dordrecht: Springer.

35) Punch, F. (2009) Introduction to research method in education. London: Sage publishers.

36) Schwandt, T. A. (1993) Theory for the moral sciences: Crisis of identity and purpose. Theory and concepts in qualitative research: Perspectives from the field: pp.5-23.

37) Shulman, L. (1987) Knowledge and teaching: Foundations of the new reform. Harvard Educational Review, 57(1): 1-22.

38) 須甲理生・四方田健二(2013)体育教師が有する教師観に関する一考察:運動部活動指導者としての教師観から授業者としての教師観へ. 日本女子体育大学紀要, 43:41-50.

39) Swennen, A. Lunenberg, M. and Korthagen, F. (2008) Preach what you teach! Teacher educators and congruent teaching. Teachers and Teaching, 14(5): 531-542.

40) Swennen, A., and Van der Klink, M. (2008) Becoming a teacher educator: Theory and practice for teacher educators: Springer Publishers.

41) Swennen, A., Jones, K, and Volman, M. (2010) Teacher educators: Their identities, sub-identities and implications for professional development. Professional Development in Education, 36(1 & 2): 131-148.

42) 高井良健一(2007)教師研究の現在(〈連載〉教育の実践研究の現在 第2回). 教育学研究, 74(2):251-260.

43) 武田信子監訳, F. コルトハーヘン編集(2012)教師教育学:理論と実践つなぐリアリスティック・アプローチ. 学文社:東京.

44) Tsangaridou, N. (2006) Teachers' knowledge. In: Kirk, D., Macdnald, D., and O'Sullivan, M. (Eds.) Handbook of Physical Education, SAGE Publications: pp.502-515.

45) Tinning, R. (2006) Theoretical orientations in physical education teacher education. In: Kirk, D., Macdnald, D., and O'Sullivan, M. (Eds.) Handbook of Physical Education, SAGE Publications: pp.369-385.

46) 吉岡真佐樹(2008)教師教育の質的向上策と養成制度改革の国際的動向. 日本教師教育学会年報, 17:8-16.

47) 四方田健二・須甲理生・荻原朋子・浜上洋平・宮崎明世・三木ひろみ・長谷川悦示・岡出美則(2013)小学校教師の体育授業に対するコミットメントを促す要因の質的研究. 体育学研究, 58(1):45-60.

48) 四方田健二・須甲理生・岡出美則(2015)英文学術誌掲載論文における体育科教師教育研究の研究方法の動向:2002年-2011年の10年間を対象として. 体育学研究, 60(1):283-301.

49) Zeichner, K. M. (2005) Becoming a teacher educator: A personal perspective. Teaching and Teacher Education, 21(2): 117-124.

第9章

ライフヒストリー研究

1 ── ライフヒストリー研究のこれまで

(1) 教師のライフヒストリー研究

　教師のライフヒストリー研究とは，1980年代以降欧米において生まれた研究である．それは，教師の生い立ちや学校体験，教職での子どもや同僚との出会いという個人的な諸経験を核とし，それを包む歴史的・社会的な事件を含んだ教師の個人史を焦点として教師の生活世界を描き出し，教職生活の現実に接近しようとする研究である（高井良, 2015, pp.37-52）．高井良 (2015) によれば，その方法論は，社会学的アプローチ，ライフサイクル的アプローチ，自伝的アプローチ，フェミニズム的アプローチという4つの系譜に分類される．

　ここでは，社会学的アプローチの旗手とされるグッドソンの主張をもとに，教師のライフヒストリー研究が何を目指しているのかを紹介しよう．

　グッドソン (2006, ii) は，「多くの国々で教師の仕事が成熟した自律性を持つ職業から方向づけられた従順な技術職に移行していることが明らかになっている」と述べ，教師のライフヒストリー研究に教師の専門職としての自律性を回復する成果をもたらすことを期待した．そして，グッドソン (2001, pp.147-189) は，カナダの教師のライフヒストリー研究の成果から，授業の技術的な側面に狭く理解されている教師の成長を，教師観や授業観の転換を伴う「職業アイデンティティを確立するための葛藤」と学校の予算やカリキュラム改革に向かう「職業コミュニティの構築」という社会的文脈で捉えることを提案し，教師の知識や成長の視野を広げる提案を行った．ここには，教師の経験した世界から，学校のカリキュラムや教育政策を捉え直すことにより，教師の専門職としての自律的な成長の事実を明らかにしようとする意図が読み取れる．

(2) 教師のライフヒストリー研究の方法論

　グッドソン (2001, pp.19-24) は，1970年代に欧米の教育社会学者が行った授業研究について，考察の対象が教室での出来事に限定され，授業を行う主体である教師を保守的で不変なものとして考えている特徴を批判した．そして，なぜそのような教室空間の構造が生まれ維持されているかを明らかにするために，教師の個人史や教室をとりまく時代という歴史的な視点の必要性を指摘した．

　また，グッドソン (2006, pp.51-80) は，教師が自己の現在までの教師生活を語った「ライフストー

リー」と，授業資料や社会的制度や事件等の資料も踏まえて研究者が教師と共同してその「ライフストーリー」を解釈して構築した「ライフヒストリー」を区別した．こうして構築された「ライフヒストリー」は，教師の生活という世界から授業や学校，カリキュラムを問い直すことを可能にした．

　ただし，学校の内部で実践する教師と，学校の外部で専門的知識を持った研究者が対等な共同研究に携わることは容易ではない．対等で公正な共同研究のために，グッドソン (2001, pp.49-69) は，研究プロジェクトに提供できるものは何か，研究プロジェクトに参加することで得られるものが何かを，立場の異なる教師と研究者が正直に公開し交渉することが重要であると指摘している．

(3)日本における教師のライフヒストリー研究

　日本においても1980年代から教師の個人史に着目する教師教育研究が着手された．それらの成果として山崎 (2002) は,同世代の教師集団である「コーホート」に着目した教師の「ライフコース」研究を著し，同一コーホート内の教師の成長過程に見られる共通性と教師個人のライフヒストリーから得られた個人の成長過程の多様性を明らかにした．さらに，高井良 (2015) は，高等学校教師を対象にしたライフヒストリー研究を通じて，高等学校の制度改革の中で教職生活における中年期の危機を迎えた教師が，自己のあるべき姿との葛藤を通して専門職として自律的に成長していく過程を明らかにした．

　また，グッドソン (2006, i) が，「数多くの日本の教師たちが自らのライフヒストリーや自伝を記し，書物として出版しているのだが，このことは私の経験からいうとほかに類がないことである．このため日本ではライフヒストリーのための非常に豊かなデータベースが準備されており，研究の機運も高い」というように，日本では他国に類のない教師文化である教師の実践記録や授業研究の文献資料を用いた教師のライフヒストリー研究が蓄積されてきた．

　例えば山崎ほか (2003) は，社会科教育の著名な実践家の鈴木正気と山本典人と若狭蔵之助へのインタビューと実践記録を資料として用いて,彼らのライフヒストリーにおける社会科に関する「実践の変容の軌跡」を描いている．

　さらに森脇 (2007) は，奈良女子大学附属小の小幡肇のライフヒストリーを対象とし，彼の小学校社会科授業の「授業スタイル」の形成と変容過程を検討し，「授業スタイル」の形成に奈良女子大学附属小の「学校文化」が大きく関与していることを指摘した．これらの研究は，教師の個人史の特徴や画期を包括的に検討した上で，その教師の授業やカリキュラムに関する実践の形成と変容の過程に焦点を当てている．

　また，藤原ほか (2006) は，中学校の国語科教師である遠藤瑛子のライフヒストリーを対象とし，38年間にわたる国立大学附属中学校における国語科総合単元学習の「授業スタイル」に焦点化し，遠藤の「実践的知識」の形成と変容の過程を明らかにした．

　体育科では，木原ほか (2013) が公立小学校教師の個人史を対象にして，その教師の教職への動機から2011年の調査時までの体育の授業力量形成の契機と要因，体育授業観の形成と変容の過程を明らかにした．また，朝倉 (2016, pp.147-167) は，高等学校の2名のベテランの体育専科教師を対象に，ライフヒストリー分析を含むエスノグラフィーの方法により，彼らの信念の形成と強化・維持の要因が実践現場の経験にあることを明らかにした．

2 ― ライフヒストリー研究の典型事例

　ここでは，以下の3点からライフヒストリー研究の典型と思われる事例として木原ほか (2016, 2017) の研究を紹介する．

　第一に，教師の個人史を焦点とした教師の生活世界から専門職としての教師の自律的な成長を明らかにしている点．

　第二に，日本の教師文化である実践記録や授業研究という記録を活用して，実践の歴史的な形成と変容を教師のライフヒストリーから明らかにしている点．

　第三に，運動場等で身体運動を教材として学習する体育科授業の特性を踏まえた教師のライフヒストリーを明らかにしている点．

(1)木原ほか(2016, 2017)の研究方法

①研究の対象

　木原ほか (2016, 2017) は，B大学附属小学校で21年間にわたり体育専科教員として体育授業を実践したA氏のライフヒストリーを対象として，A氏の教師としての成長の契機とともに，「授業スタイル」の形成と変容の過程を明らかにした．「授業スタイル」とは，森脇 (2007, p.172) によれば，「教師の教育観，授業観，子ども観といった観の世界と技術も含む具体的な方法論が一体となったもの」と定義されている．そして，授業者のライフヒストリーという長い歴史的な視野で過去の授業記録や現在の授業記録を解釈すれば，この「授業スタイル」の生成と変容の過程を明らかにすることが可能になるとされている．

②資料の収集

　木原ほか (2016, 2017) は，A氏の授業研究と学級経営についての主な文献171編を収集するとともに，それらの文献名と概要，附属小の同僚関係，学習指導要領改訂等の教育情勢を記入した年表を作成した．インタビューは，第1次，2次，3次，4次，5次と5回実施した．インタビューは，その年表をもとに半構造化面接法の形式で行った．そして，インタビューについて，すべて発話を文字にしたトランスクリプトを作成した．

③分析の方法

　調査者が，第1次インタビューのトランスクリプトを，文脈が切れないように意味内容のまとまった単位で区切り，34個の発話を得た．その34個を「KJ法」(川喜田, 1967) を参照して帰納的に分類し，「教師としての信念」に加え，成長の契機のカテゴリーを生成した．さらに，A氏，D氏と一緒に第3次，第4次，第5次インタビューを行い，調査者がA氏の文献資料を解釈し，「授業スタイルの形成」および「授業スタイルの変容」の解釈を提示した．インタビューでは，調査者は，これらの解釈が本当にそこにある現実を捉えているかどうかを確保するためにA氏と「メンバーチェック」，D氏と「仲間同士での検証」(メリアム, 2004, p.298) を行い，3者の解釈が一致するまで協議を続けた．

表1　授業スタイルの時期区分 （木原ほか，2017，p.84より引用）

「授業スタイル」の時期区分
Ⅰ 集団思考場面の構成と発問研究　1982. 4 - 1987. 3
Ⅱ 系統性研究と技術の分析・総合　1987. 4 - 1991. 3
Ⅲ 「わかる・できる」と言語機能の関係分析　1991. 4 - 1996. 3
Ⅳ 文化としてのスポーツを教えるための体育理論学習の実験的実践　1996. 4 - 2003. 3

(2) 木原ほか（2016, 2017）の研究の結果

　木原ほか (2016) によれば，A氏へのインタビューを通して，以下の3つの「教師としての信念」がB大学附属小学校赴任の段階で形成されていることが明らかとなった．それは，「子どもにとって意味のある授業 (教師観)」，「自分の想いみたいなことを安心してしゃべれる，そういうクラスを作ることが何より大事 (子ども観)」，「共生 (学校観)」の3つのカテゴリーで構成されていた．

　また，木原ほか (2017) によれば，A氏の「授業スタイル」は，表1の4つの「時期区分」に分けられた．第Ⅰ期 (1982. 4 - 1987. 3) のA氏の「授業スタイル」は，先に示した「教師としての信念」と「附属小の校風と教師としての成長の契機」を要因として形成された．それは以下の4つの特徴を持っていた．①「教師の発問と子どもの応答による『集団思考場面』の計画と指導」，②「運動教材の教材解釈による教科内容の把握」，③「『子どものホントの思い』を理解するための『体育ノート』と『学習カード』の活用」，④「運動技能差のある小集団内で教え合う学習集団」．

　第Ⅱ期 (1987. 4 - 1991. 3) のA氏の「授業スタイル」は，「教師としての信念」と「学校体育研究同志会，中村敏雄氏との出会い」さらに技術的内容という専門性不足の不安を要因として変容した．それは以下の3つの特徴を持っていた．①「系統性のある『技術的内容』を計画して指導」，②「『教科独自の学習法』を教科内容とする」，③「できない子，苦手な子の学習の過程を支援するための学習集団」．

　第Ⅲ期 (1991. 4 - 1996. 3) のA氏の「授業スタイル」は，「教師としての信念」を基盤に，運動経過のイメージ等の内部情報を教育内容とする変容を見せた．その要因は，「上手くなることをしっかりと保証できていたという自信が自分の中でない」という反省と『スポーツ運動学』(クルト・マイネル) から，運動経過の「他者観察」と「自己観察」の概念を学んだことにあった．

　第Ⅳ期 (1996. 4 - 2003. 3) は，学校体育研究同志会の出原泰明氏の教育内容論の摂取を要因として，A氏の「授業スタイル」は，「教師としての信念」を基盤に，子どものスポーツ観に影響を与えているスポーツの文化的内容を教育内容とする体育理論の授業を高学年で行う変容を見せた．

　A氏の事例では，B大学附属小に初任教師として赴任した段階で形成されていた「教師としての信念」が，その後の「授業スタイル」の形成と変容の基盤に一貫して据わっていた．その後，A氏は，「附属小の校風と教師としての成長の契機」を背景に「授業スタイル」を形成し，「運動教材の教材解釈による教科内容把握の必要性」を問い続けながら，「授業スタイル」を変容させていった．その変容の契機は，子どもの運動技能の指導への行き詰まりという実践上の困難とその困難の解決のためにさまざまな理論を学習し摂取したことにあった．

(3) 木原ほか（2016, 2017）の研究の活用と課題

　木原ほか (2016, 2017) は，教師のライフヒストリー研究の価値は，事例を読んだ読者が，これらの事例をそれぞれの職場の実態やこれまでの経験に基づいて解釈し，読者のそれまでの経験を振り

返る契機を得て，読者自身の成長課題を明らかにし，「授業スタイル」の形成や変容に自覚的に立ち向かうことができるかどうかにかかっているという立場をとっている．そのために，読者がこの事例を深く理解できるように「豊かで，分厚い記述」（メリアム，2004, p.309）がなされている．ただし，木原ほか（2017）も示しているように，この研究は，A氏のライフヒストリーの事例を，この時期の学習指導要領と指導要録等のカリキュラムや評価を中心とする教育制度改革という，教師の成長に影響を与える社会的歴史的な展開の中で考察することができていないという課題を残している．A氏のライフヒストリーの事例を，教育制度改革の動向との対峙や緊張関係の中で解釈し記述していけば，A氏の教師としての自律的な成長過程をよりリアルに理解することができるであろう．

3 ― 参考となる論文

　英語圏における体育のライフヒストリーの研究は多くの蓄積がある．

　第一に，Templin et al. (1988) は，アメリカとイギリスの2人の女性中堅体育教師のライフヒストリーの事例を解釈して比較した．この2人の事例には，カリキュラム，体育施設，予算規模という点で大きな違いがあった．しかし，それらの背景や文脈は2人のどちらにもそれほど大きな影響は及ぼさなかった．2人にとって重要なことは，体育の周辺性の問題であった．

　2人の共通点は，長時間労働，学校内での体育の地位の低さを感じているが，その中で教育と体育の役割を高く評価していることであった．そして，2人の相違点は，副校長として学校全体の改善を進めるために体育教師を辞めようとするか，体育の地位を向上させようと体育教師の経歴にとどまるのかという点であった．このキャリアの方向の違いは，教師の生活と経歴が非常に個性的で多様であることを示している．同時に，体育が学校内で周辺的な教科と見なされていることが，2人の生活と経歴に共通に影響を及ぼしていることが明らかにされた．

　第二に，Armour, Jones (1998) は，イギリスの4名の中等学校の女性体育教師と4名の男性体育教師のライフストーリーの事例から，体育教師が持つ「体育の哲学 (philosophies of physical education)」を取り出した．事例の8名の体育教師たちは，恩師からの影響，生活と経歴の中のスポーツの重要性，教員養成の価値，同僚との関係，キャリア進行における障害について語った．つまり，8名の「体育の哲学」には，入職前から教員養成課程，教職での経験の中で，彼らの体育観や多様な信念が形成されていた事実が示されていたのである．

　さらに，8名の事例に共通した「テーマ」として「中等学校における体育とスポーツの関係」，「学校内での教科としての低い地位」，「体育における『ケア』と『社会的道徳的教育』の分析」，「教師の生活とキャリア形成の仕方」，「体育の教育への貢献に関する基礎的研究の必要」が取り出され，探求された．ここでは，体育とスポーツの関係をどう理解するのか，学校内の実技教科としての低い地位という現実，体育と生徒の社会的道徳的教育との関係をどう理解するのかという難問に対して，体育教師が格闘しながら経歴を積んでいく現実が明らかにされた．そして，時にはこれらの難問により，体育教師が職種の変更を余儀なくされる場合もあることが明らかにされた．

　Armour, Jones (1998) は，体育教師が自律的に仕事をするためには，体育とスポーツの関係や体育と生徒の社会的道徳的教育との関係について自分自身の考え方を構築する必要があること，また，体育教師の仕事を阻む壁の存在を知り，どのようにその壁と対峙するのかを考える必要性を明らかにしたのである．

4──ライフヒストリー研究のこれからの研究課題

　高井良（2015, pp.84-86）は，社会学の議論を紹介し，教師のライフヒストリー研究を「実証主義アプローチ」，「解釈的客観主義アプローチ」，「対話的構築主義アプローチ」の3つに分類した．そして，前者の2つは教師の語りから過去の社会的現実を把握しようとするのに対し，「対話的構築主義アプローチ」は過去の経験を語ることによって，教師と研究者が協働で未来を構築する研究であるという．教師のライフヒストリー研究には，既に述べたように教師の語りに加えて文献資料を活用し教師の実践の歴史的な形成と変容を明らかにしようとする研究や，教師が語る今の語り自体を意味づけし解釈する研究が生まれている．今後ライフヒストリー研究に着手する者は，研究の目的に応じて，これらの多様な方法論を使い分ける必要がある．

（木原成一郎）

文献

1) Armour, K. M. and Jones, R. L. (1998) Physical Education Teachers' Lives and Careers: PE, Sport & Educational Status. London: The Falmer Press.
2) 朝倉雅史（2016）体育教師の学びと成長．学文社：東京．
3) 藤原顕・遠藤瑛子・松崎正治（2006）国語科教師の実践的知識へのライフヒストリー・アプローチ．溪水社：広島．
4) グッドソン：高井良健一ほか訳（2006）ライフヒストリーの教育学．昭和堂：京都．〈Goodson I., Sikes P. (2001) Life History in Educational Settings: Open University Press, Buckingham.〉
5) グッドソン：山田浩之ほか訳（2001）教師のライフヒストリー．晃洋書房：京都．
6) 川喜田二郎（1967）発想法．中公新書：東京．
7) 木原成一郎・林俊雄・大後戸一樹（2016）授業の力量形成に関するライフヒストリー研究．学校教育実践学研究，22：217-227.
8) 木原成一郎・林俊雄・大後戸一樹（2017）授業の力量形成に関するライフヒストリー研究（その2）．学校教育実践学研究，23：81-91.
9) 木原成一郎・小田啓史・大後戸一樹（2018）授業の力量形成に関するライフヒストリー研究（その3）．学校教育実践学研究，24：149-156.
10) 木原成一郎（2011）専門職としての教師の成長過程と支援体制．日本体育科教育学会編，体育科教育学の現在．創文企画：東京，pp.193-207.
11) メリアム（2004）質的調査法入門．ミネルヴァ書房：京都．〈Meriam S. B. (1998) Qualitative Research and Case Study Applications in Education: Jossey-Bass Publishers, San Francisco.〉
12) 森脇健夫（2007）教師の力量としての授業スタイルとその形成．グループ・ディダクティカ編，学びのための教師論．勁草書房：東京，pp.167-192.
13) 高井良健一（2015）教師のライフストーリー．勁草書房：東京．
14) Templin, T. J., Bruce, K. and Hart, L. (1988) Settling down: An examination of two women physical education teachers. In J. Evans, (Ed.), Teachers, teaching & control in physical education, (pp.57-82). London: The Falmer Press.
15) 山崎準二（2002）教師のライフコース研究．創風社：東京．
16) 山崎準二・高井良健一・坂本明実（2003）戦後日本の教育実践と教員文化．久冨善之編著，教員文化の日本的特性．多賀出版：東京，pp.267-401.

第10章
体育科教育と関連する領域の研究

1 — 教科外体育と課外体育の研究動向

　体育科教育（体育の授業）と関連する領域の研究として，教科外体育と課外体育の研究がある．周知の通り，これまでの体育の授業実践では，学習の成果を生活の場で活かしたり，発展させたりすることが目指されてきた．それは「体育の生活化」「生涯スポーツ」「豊かなスポーツライフ」といった用語で表現されてきた歴史がある．これらの理念を実現するために，一番身近な生活の場として教科外体育と課外体育が注目され，それらの活動と体育授業との間に有機的な関係を築こうとしてきたのである．

　長い間，体育の授業以外で取り組まれる全ての体育・スポーツ活動を教科外体育と呼んできたが，近年においては，学習指導要領の特別活動において取り組まれる体育・スポーツ活動を教科外体育，そして教育課程の外で実施される活動のことを課外体育と呼ぶようになっている．

　実際に，これらの活動の実施方法や参加形態には相違がある．教科外体育は，一般的には運動会・体育祭などの体育行事や，児童会・生徒会における体育委員会などを指し，これらは特別活動に位置づけられているため，直接的にせよ，間接的にせよ全員が参加・関与することを前提にしている．一方で課外体育は，任意参加・自由参加が前提であり，休み時間の運動遊びや運動部活動などがある．このような教育課程内（特別活動）と課外という教育制度上の位置づけと，参加形態の違いを背景にして，実践の独自性が生み出されると同時に，それぞれに固有の課題が生じているのである．

　以下では，体育科教育との関連において取り組まれてきた，教科外体育と課外体育の研究動向について概観し，その後で典型事例を取り上げることにする．

（1）教科外体育の研究

　これまでの体育科教育実践では，体育授業の成果を体育行事へと発展させることが目指されてきた．例えば，雑誌『女子体育』においては，体育授業と運動会を関連づけ，表現活動の質を高めていく実践記録が定期的に掲載されてきた．このような指導の原点は，戦後初期に取り組まれた行事単元にある．行事単元とは，「さまざまな問題を解決していくことに主眼をおく経験単元に含まれるもので，授業以外のいろいろな行事と結びつけて構成された単元」（立木, 1995）であるが，近年，その成果と課題を検討する論文が見られる（嶋津・神谷, 2017）．

　次に，体育授業と関連づけた児童会・生徒会（体育委員会）の指導であるが，このテーマに関して

は十分な研究の蓄積がない．例えば，学校保健や保健科教育の領域では，保健授業の学習を深める観点から，保健委員会や給食委員会の指導と関連づける実践が見られる．しかし，体育科教育においては，近年，中西 (2017) が，中学校における生徒会の体育委員会の事例を検討し，指導の課題として「体育授業との関連を図る」ことを指摘しているに過ぎない．

最後に，直接的に教科外体育について扱った研究ではないが，体育授業と教科外の学級経営との関係に注目した研究があるため，その動向にも触れておきたい．日野ほか (2000) は，高田の体育授業評価法と，自らが作成した「学級集団意識」の調査表を活用しながら，体育授業が好きになった子どもは学級集団に対しても肯定的な意識を持つことを明らかにした．その後, 細越・松井 (2009) は，教師が仲間を意識させる約束事を位置づけたりすることで，子どもが体育授業にも学級集団にも肯定的な意識を抱くようになる実態を明らかにしている．また，戦前から取り組まれてきた生活綴方を用いた体育授業を, 体育と学級生活をつなぐ取り組みとして再評価する立場も見られる (石田, 2017; 制野, 2017)．

(2) 課外体育の研究

まず，休み時間と体育授業の関係に注目した研究がある．吉野ほか (2018) は，「どのような体育授業が展開されたときに，休み時間において同様の運動遊びを行う児童が出現するのか」をインタビュー調査によって分析し，学習環境の特徴，プログラム (教材) の特徴，学習成果の特徴の観点から，得られた知見を整理している．

次に，体育授業と運動部活動の関係に注目した研究がある．神谷・髙橋 (2006) は中村敏雄の運動部活動論を分析し，体育授業における「運動文化の継承と発展に関する科学」の学習を基盤にして，運動部活動における練習の科学化 (研究活動) を引き出し，さらにそれを校内・校外におけるスポーツ文化の還元活動へと発展させた点に注目している．さらに神谷 (2008) は，戦後の体育科教育実践に深く関わってきた，教育学者の城丸章夫の運動部活動論についても検討している．先ほどの中村の運動部活動論が体育授業との関連を重視するのに対して，城丸の運動部活動論は，教科外体育や生活指導との関連を重視し，自治集団活動として指導した点に特徴がある．なお，その後は, これらの研究成果を踏まえて，教育課程の延長に位置づく運動部活動指導のあり方を提唱するにいたっている (神谷, 2014)．

近年，運動部活動のあり方が社会問題化したこともあり，徐々に学術的な分析が進められるようになってきた．そのことを背景に，2017年には日本部活動学会が設立されている．しかし，運動部活動固有の研究・分析方法は未だ不明確であり，このような状況においては，他の研究領域で培われた方法を活かしながら，分析を進めることが現実的でもある．例えば深見ほか (2018, 2019) は，「指導者との充実したコミュニケーション」「自主的・計画的な練習」「充実した取組による愛好的態度の向上」の因子からなる，運動部活動の「形成的評価票」を作成した．そして，その評価票を活用しながら，指導者の主導性との関係について分析し，「チームの目標は指導者を含む部員全員で決定することを部員は高く評価している一方で，練習内容・方法については指導者を中心に決定することを部員は高く評価している」実態を明らかにしている．形成的評価による分析や，教師の指導と形成的評価の関連については，既に体育の授業研究において成果を挙げてきたテーマであり，深見らの研究はそれらの蓄積を運動部活動において活かしている．このような動向も，体育科教育と関連する運動部活動研究として，注目しておく必要があるだろう．

2 ― 教科外体育研究と課外体育研究の典型事例

　教科外体育や課外体育は，日々，教育現場で当たり前のように指導されている実態がありながらも，未だ学術的な分析が不十分であり，典型的といえるほどの研究方法も確立していない．このような状況において求められるのは，教育現場で取り組まれてきた実践（史）や，そこで蓄積されてきた指導の原理と誠実に向き合う姿勢である．これは，研究活動の原点であり，基本ともいえるものである．新しい研究領域だからこそ，このような基本的な研究姿勢を強調しておきたい．

　以下では，そのような問題意識から「体育の主体的な学習活動を引き出す指導方法の考察―行事単元実践に注目して―」（嶋津・神谷, 2017）を参照しながら，研究の進め方について解説していく．この研究では，戦後の代表的な行事単元の実践者として，竹之下休蔵，丹下保夫，加藤清英，土屋正規の4人を取り上げた．この4人を代表とした根拠に関しては，①1940年代後半から1960年代に刊行された雑誌において，まとまった論稿を残している点，②体育授業と体育行事を関連づけることを通して，子どもの主体的な学習活動や練習を導こうとしていた点を挙げている．このように，自身の研究に関わって代表的，典型的な人物を取り上げる場合には，その根拠を明示する必要がある．

　その後，これらの人物による行事単元実践が分析され，表1の❶～⓭の教育内容があったことを明らかにした．そして，これらの教育内容を，それぞれの実践者が，ホームルーム（HR），自由時，授業内のどの場面で指導していたのかが整理されている．最終的には，学習指導要領において行事単元が推奨されなくなった1960年代以降における実践の動向を，表1にある13の教育内容と3つの場面から分析した．その結果，1960年代以降も❹～❼，❾，❿，⓭の内容は扱われ，行事単元の成果を継承していると考えられるが，その他は教育制度の変化もあり，十分に継承されていないことを明らかにしている．

　この論文の引用参考文献は203本である．実際に読まれた論稿は，それ以上であるし，また，引

表1　行事単元実践において子どもに話し合わせていた内容とその場面

学習活動	話し合わせていた内容	竹之下休蔵	丹下保夫	加藤清英	土谷正規
ねらい	❶単元のねらい				
	❷本時のねらい				
	❸行事の意義・目的				
練習	❹練習計画の作成				
	❺技術的な課題				
	❻グルーピング				
	❼チーム内の役割分担				
試合	❽試合の出場者の決定				
	❾競技規則				
	❿審判の方法				
	⓫記録の方法				
行事運営	⓬委員会の立ち上げ				
	⓭運営の係分担				

　※HRで話し合わせた内容→ □　　　自由時に話し合わせた内容→ ■
　　授業内で話し合わせた内容→ ▨　　話し合わせていない内容→ □

用参考文献が多ければよいというものではない．ここで伝えたいことは，先人が残した膨大な資料を参照し，その内容や主張を正確に理解しながら，批判的に継承していくという姿勢である．とりわけ初学者は，先入観に基づいて自身の関心とは離れた主張を読み取らなかったり，都合のよい部分のみを取り上げたり，あるいは，自身の問題意識に引きつけて原文の主張を読み変えたりする行動が見受けられる．それは「曲解」といえるものであり，「研究不正」にもつながりかねない行為である．そのため，資料と誠実に向き合う姿勢を，日々の学習・演習や，研究活動の中で培っておく必要がある．

　嶋津らの研究で示された，表1にある13の教育内容や，それらを経験させる3つの場面は，研究を始める前に設定されていたものではなく，4人の代表的な実践者の論稿を繰り返し読み，比較，検討の作業を続けながら設定されたものである．事前に，「このような違いがあるのではないか」という問題意識を持って資料を読んでいたとしても，それとは違う観点が出てきたり，相反する主張や取り組みが出てきたりすることがある．そのような場面で自身の問題意識は修正され，その結果として表1のような研究成果が生み出される．そして，行事単元の成果がどのように継承されたのかの分析は，さらに多くの論稿を対象にしているが，そこでも表1にはない観点が見られれば，改めて論文全体を貫く仮説が捉え直されたり，表1の構成そのものが再検討されたりすることになる．

　冒頭で述べたように，教科外体育や課外体育は，まだ新しい研究領域であり，ユニークな仮説に恵まれる機会も多いことだろう．しかし，どのような研究であっても，資料と誠実に向き合って研究を進めるという基本的な姿勢を忘れてはならない．

3―参考となる論文

⑴日本体育学会「体罰・暴力根絶のための検討課題」（体育学研究60巻・Report号［web版］）

　2012年に起こった，桜宮高校・バスケットボール部の顧問による暴力事件を踏まえて，日本体育学会の各領域の代表者が体罰・暴力の根絶に向けた検討課題を示している．体育科教育学からは神谷拓と菊幸一が「体罰・暴力の根絶に向けた運動部活動教育の内容と条件整備―教師の専門性と運動部活動指導の関係に注目して―」を寄稿している．それぞれの領域における問題意識やアプローチの違いを知ることで，体育科教育学の立場から取り組むべき運動部活動の実践課題や研究課題が明確になる．

⑵神谷拓編著『対話でつくる　教科外の体育』（学事出版，2017年）

　本書においては，教科外体育の内容として，体育行事（運動会），児童会・生徒会における体育委員会，学級活動・ホームルームにおける体育・スポーツ活動を，そして課外体育の内容として運動部活動を取り上げている．それぞれの教育活動に関わる歴史，原理，実践が整理されるとともに，体育授業，教科外体育，課外体育の関連性についても考察されているため，これから教科外体育や課外体育の研究に取り組む際の基礎的文献となる．同書で指摘されている内容を叩き台にしながら，学術的かつ批判的な分析へと進むことで，論文のオリジナリティが明確になる．

4 ― これからの研究課題

　本章で紹介してきた，これまでの研究の多くは，体育科教育の延長で教科外体育や課外体育を捉えてきた．体育授業の発展学習の場，体育授業の学習成果を示す場（確認する場），体育の授業研究を応用する場，というようにである．今後は，それらと異なるアプローチの研究も求められるだろう．具体的には，教科外体育や課外体育の実践や実態から，体育授業における認識や行動の変化を確認するような研究である．

　実際に，教育現場で働く教師は，授業だけでなく，教科外体育や課外体育における子どもの姿を総合的に把握して，一人ひとりの指導に当たっているはずである．例えば，夢中になって運動会のダンスに取り組んだ生徒が「最近は苦手だった運動や体育の授業を積極的に頑張っています」と述べることがある（和光，2003）．このような実態に注目して，教科外体育のどのような経験が，体育授業に影響を及ぼしたのかを分析することが必要であろう．

　同様の課題は，運動部活動と体育授業の関係においてもいえる．歴史的に見ても，スポーツに取り組み始めたのは，体育授業よりも課外の運動部活動の方が先であり，後に全ての生徒に経験させるべき教育内容や教育的意義が見出されて，体育授業の教材として組み込まれてきた（教育課程化された）という経緯がある．このような歴史を踏まえれば，今日においても運動部活動の経験や取り組みが，直接的，もしくは間接的に，体育授業に影響を及ぼしている可能性があり，今後において取り組まれる必要のある研究課題といえるだろう．

（神谷 拓）

文献

1) 深見英一郎・岡澤祥訓（2018）運動部活動の「形成的評価法」作成の試み―生徒の部活動評価の構造に着目して―．スポーツ教育学研究，37(2)：47-60.
2) 深見英一郎・井上一彦（2019）運動部活動における指導者の主導性に関する意識と部員の形成的評価との関係．体育学研究，64(1)：369-384.
3) 日野克博・髙橋健夫・八代勉・吉野聡・藤井喜一（2000）小学校における子どもの体育授業評価と学級集団意識との関係．体育学研究，45(5)：599-610.
4) 細越淳二・松井直樹（2009）体育授業と学級経営の関係についてのアクション・リサーチの試み―M学級の1学期の取り組みから―．体育授業研究，12：45-55.
5) 石田智巳（2017）学級の生活と体育指導の関係．神谷拓編著，対話でつくる　教科外の体育．学事出版：東京，pp.111-123.
6) 神谷拓（2008）城丸章夫の運動部活動論．生活指導研究，25：72-95.
7) 神谷拓（2014）運動部活動の制度史と今後の展望．体育科教育学研究，30(1)：75-80.
8) 神谷拓・髙橋健夫（2006）中村敏雄の運動部活動論の検討．体育科教育学研究，22(1)：1-14.
9) 神谷拓・菊幸一（2015）体罰・暴力の根絶に向けた運動部活動教育の内容と条件整備―教師の専門性と運動部活動指導の関係に注目して―．体育学研究，60(Report号)：R12_1-R12_16.
10) 中西匠（2017）生徒会・体育委員会によるスポーツ活動の考え方．神谷拓編著，対話でつくる　教科外の体育．学事出版：東京，pp.77-87.
11) 制野俊弘（2017）学級の生活と体育の授業をつなぐ実践．神谷拓編著，対話でつくる　教科外の体育．学事出版：東京，pp.124-137.
12) 嶋津寿克・神谷拓（2017）体育の主体的な学習活動を引き出す指導方法の考察―行事単元実践に注目して―．体育科教育学研究，33(1)：19-34.
13) 立木正（1995）単元．宇土正彦監修，学校体育授業事典．大修館書店：東京，p.46.

14) 吉野聡・金川瑞希・飯島悠輔・杉江拓也・下山田克也・稲葉敬之（2018）休み時間における児童の運動遊びに繋がる体育授業の探索：経験を有する児童及び教員へのインタビューを通して．体育学研究，63(1)：341-353.

15) 和光理奈（2003）中学校のダンス　自分とその周りを感じる喜び―運動会での創作ダンスを通して―．女子体育，45(1)：36-39.

さくいん

●あ
アクションリサーチ 55
アクティブラーニング 20
厚い記述 38

●い
インタビュー調査 47

●う
動けない子ども 92
運動会 139
運動部活動 140

●え
ALT-PE観察法 107
エスノグラフィー 46

●か
下位教材 88
下位教材づくり 89
階層的な教材づくり 89
介入実験的研究 102
課外体育 139
　　──の研究 140
科学論，研究方法論 15
学位論文 59
　　──の作成を通じて身につく力 59
学習指導要領 81,125
学習者 28
学習者行動研究 107
学習者行動研究の典型事例 109
学習者行動の分析 41
学習内容 28
学術誌 60
学術書 61
学校体育研究同志会 82,95
カリキュラム・マネジメント 37,85
カリキュラム研究 80
カリキュラム評価 13
カリキュラム論 13
観察的動作評価基準 42
完全習得学習 114

●き
記述分析的研究 100

機能的特性 96
教育科学研究会身体と教育部会 95
教育学 18
教育学における評価理念 114
教育課程・カリキュラム研究 80
教育雑誌 60
教育の逆コース 123
教科外体育 139
教科外体育研究と課外体育研究の典型事例 141
教科外体育の研究 139
教具 28
教材 28,87
教材研究 87
教材研究の典型事例 89
教材づくり 88
教師 28
教師教育研究 126
教師教育者 126
教師教育者研究 128
教師行動研究 100
教師行動研究の典型事例 103
行事単元 141
教師の葛藤 128
教師の視線と認知 104
教師の実践的知識 102
教師の指導言語 104
教師の授業力量形成 97
教師のライフヒストリー 133
教授・学習指導論 13

●く
グラウンデッド・セオリー 46

●け
形成的授業評価法 116
ケース・スタディ 46
ゲームパフォーマンス分析 108
研究サークル 67
研究対象 28
研究の妥当性・信頼性の確保 71
研究のための史資料 123
研究方法の開発 75
研究倫理綱領 69

研究倫理への配慮	76
現象学	46
現職教員における研究	65

●こ

国立体育研究所	3
子ども	28
子どもが評価する授業過程の行動的特徴	108
混合研究	54
コンテンツベースからコンピテンシーベースへ	118

●し

実証的研究	40,96
実践研究の組織	67
実践研究の対象	66
実践研究の目的	65
実践研究への関わり方	56
実践史研究	120
実践史研究の典型事例	121
実践的・臨床的研究	10
実践と理論の関係	36
質的研究	46
質的研究の信頼性	73
質的研究の信頼性の確保	51
質的研究の妥当性	72
質的体育授業研究	46
質的な評価研究	115
質問紙調査	41
——による体育授業の分析	41
指導と評価の一体化	114
指導内容	28
指導方法	28
GPAI	108
ジャーナル	49
修士論文	59
授業改善	96
授業研究	94
授業研究の典型事例	95
授業研究の目的	94
授業についての学問的研究	95
授業の勢い	108
授業の構成要素	28
授業の雰囲気	108
主体的・対話的で深い学び	20
情報の収集	34

真正の評価	115

●す

スクール・ベースド・カリキュラム開発	84
スポーツ運動学	92
『スポーツ教育学研究』	35

●せ

世界学校体育サミット	81
先行研究	60
先行研究の検討の方法	35
先行研究の整理の方法	35
全国体育学習研究会	82,96
戦術アプローチモデル	108
専門諸科学	17

●そ

卒業論文	59

●た

『体育科教育学研究』	12,23,35
『体育学研究』	35
体育科教育学の学的想像力	21
体育科教育学の研究課題	22
体育科教育学の研究基盤	17
体育科教育学の研究フィールド・マップ	25
体育科教育学の研究領域	12
体育科教育学の成立	2
体育科教育学の誕生前史	3
体育科教育学の特徴と性格	9
体育科教育学の目的	9
体育科教育学の歴史	2
体育科教育法	4
体育学	17
体育科の授業づくりと隣接諸科学	19
体育カリキュラム	80
体育カリキュラム開発方法の研究	84
体育カリキュラム研究の典型事例	83
体育カリキュラムの比較研究	81
体育教師教育論	14
体育実践	7
——の改善	7
体育授業の研究対象	28
体育授業の文化的・社会的存在論	20
体育の社会的構造	19
高田典衛	95
高橋健夫	81,96
竹之下休蔵	83,141

楽しい体育　　　　　　　　　82,96
丹下保夫　　　　　　　　　　83,141
単元教材　　　　　　　　　　88
●つ
土屋正規　　　　　　　　　　95,141
●と
ドイツの「スポーツ科」　　　84
統計的な分析　　　　　　　　74
動作の評価　　　　　　　　　42

●な
ナラティヴ・モード　　　　　34
●に
日本学術会議協力学術研究団体　15
『日本教科教育学会誌』　　　35
日本スポーツ教育学会　　　　2
日本体育科教育学会　　　　　2,5
日本体育学会　　　　　　　　17

●は
博士論文　　　　　　　　　　59
パフォーマンス評価　　　　　43,115
パラダイム・モード　　　　　34
●ひ
比較検証　　　　　　　　　　44
比較実験的研究　　　　　　　101
評価研究　　　　　　　　　　114
評価研究の典型事例　　　　　116
●ふ
フィールド・ノート　　　　　52
フィールドワーク　　　　　　46,49
複合的研究　　　　　　　　　53
プレイ論　　　　　　　　　　96
プロセス―プロダクト研究　　101
分析データの信頼性　　　　　43
●ほ
法的拘束力　　　　　　　　　81
ボールを持たないときの動き　43

●み
民間教育研究団体　　　　　　6,82,95
●め
面接調査　　　　　　　　　　47

●や
山本貞美　　　　　　　　　　95
●よ
よい体育授業　　　　　　　　14,20

●ら
ライフヒストリー研究　　　　133
ライフヒストリー研究の典型事例　135
●り
リサーチ・クエスチョン　　　34
リフレクション　　　　　　　127
良質の体育　　　　　　　　　15
量的研究　　　　　　　　　　40
量的研究と質的研究の組み合わせ　43
量的研究の信頼性　　　　　　71
量的研究の妥当性　　　　　　71
量的データと質的データを補完的に
　　　用いる研究　　　　　　55
量的な評価研究　　　　　　　115
理論研究　　　　　　　　　　34
　　　――の目的　　　　　　36
理論モデルの構築　　　　　　37
隣接諸科学　　　　　　　　　17,19
●れ
歴史研究　　　　　　　　　　120
歴史研究の典型事例　　　　　121
歴史研究の価値　　　　　　　122
レジリエンス　　　　　　　　128
●ろ
論文とレポートの違い　　　　34
論文の構成　　　　　　　　　62

■編集委員会

細越　淳二　　国士舘大学

友添　秀則　　元早稲田大学

日野　克博　　愛媛大学

■執筆者 (執筆順)

友添　秀則　　元早稲田大学　　　　第1部第1章

森　　敏生　　武蔵野美術大学　　　第1部第2章

岡出　美則　　日本体育大学　　　　第1部第3章

菊　　幸一　　筑波大学　　　　　　第1部第4章

佐藤　　豊　　桐蔭横浜大学　　　　第1部第5章

今関　豊一　　日本体育大学　　　　第1部第6章

石田　智巳　　立命館大学　　　　　第2部第1章

吉永　武史　　早稲田大学　　　　　第2部第2章

荻原　朋子　　順天堂大学　　　　　第2部第3章

細越　淳二　　国士舘大学　　　　　第2部第4章

近藤　智靖　　日本体育大学　　　　第2部第5章

内田　雄三　　白鷗大学　　　　　　第2部第6章

大友　　智　　立命館大学　　　　　第2部第7章

丸山　真司　　愛知県立大学　　　　第3部第1章

岩田　　靖　　信州大学　　　　　　第3部第2章

大後戸一樹　　広島大学　　　　　　第3部第3章

深見英一郎　　早稲田大学　　　　　第3部第4章

鬼澤　陽子　　群馬大学　　　　　　第3部第5章

梅澤　秋久　　横浜国立大学　　　　第3部第6章

中瀬古　哲　　神戸親和女子大学　　第3部第7章

岩田昌太郎　　広島大学　　　　　　第3部第8章

木原成一郎　　広島大学　　　　　　第3部第9章

神谷　　拓　　関西大学　　　　　　第3部第10章

たいいく か きょういくがくけんきゅう
体育科教育学研究ハンドブック

©Japan Society for The Pedagogy of Physical Education, 2021

NDC 375 / ix, 148p / 26cm

初版第1刷発行―――2021年3月31日

にほんたいいくかきょういくがっかい
編　者―――――日本体育科教育学会

発行者―――――鈴木一行

発行所―――――株式会社 大修館書店

〒113-8541　東京都文京区湯島2-1-1

電話 03-3868-2651（販売部）　03-3868-2299（編集部）

振替 00190-7-40504

［出版情報］https://www.taishukan.co.jp/

装丁・本文デザイン――石山智博

組　版―――――加藤　智

印刷所―――――三松堂

製本所―――――難波製本

ISBN 978-4-469-26912-3　　　Printed in Japan